天下文化

BELIEVE IN READING

大腦解鎖

史丹佛 頂尖學者裘・波勒
以最新腦科學推動學習革命

Limitless Mind
Learn, Lead, and Live Without Barriers

Jo Boaler 裘・波勒 著　　廖月娟 譯

感謝為了本書敞開心扉，分享自己人生旅程的人
沒有你們，我無法完成這本書

也把本書獻給我兩個很棒的女兒
謝謝你們，亞麗安（Ariane）和潔咪（Jaime）

Contents

天大的好消息，人人都學得會！

賴以威　台師大電機系副教授
　　　　數感實驗室共同創辦人

「這樣的數學很好玩吧！」

我永遠記得父親對我說這話時，他那滿臉興奮的笑容。

當時我還在讀大學，他是小學退休老師，因緣際會投入數學教育，開發各種有趣的數學教材。我常常就做為他的頭號試教對象。

「還不錯啦，但這個就是解方程式可以處理的問題⋯⋯。」

深深留在腦海裡的除了父親開心的樣貌，還有我的一絲不以為然。求學過程中我的數學一直都不錯，我覺得老爸的那套比較像解謎、益智遊戲，對象是小學生可能還沒關係，畢竟小孩子就是玩嘛。但如果以學習來說，恐怕太輕飄飄、太快樂了。真的要學好數學，還是得腳踏實地一點，扎扎實實讀講義、練題目，孤單的跟數字符號正面對決，費盡心力戰勝它們，然後將之收為己用。

如果你跟當時的我有一樣的想法，那你絕對是此書的目標

讀者。許多人對學習數學有某種既定的想法，這個想法一部分來自自身經驗，更大部分是整個社會傳承的共同經驗與氛圍。舉例來說，普遍認為數學需要大量反覆練習、只有少部分人才能學好數學……。這本書打破許多類似的刻板觀念，用故事、研究、教學經驗告訴我們，數學其實可以很好玩，也很好學。

破除天賦論

波勒教授畢業於倫敦國王學院，現任教於史丹佛大學教育系，我第一次知道她是從中研院李國偉老師分享的一場 TED 演講。那場演講中，她講述了數學學習與成長型思維之間的強烈連結。多數人對成長型思維並不陌生，這是同樣任教於史丹佛大學的杜維克教授所提出，其核心概念是指，心態是影響個人學習、成長、終生成就的關鍵因素。有興趣的朋友可以參考《心態致勝》。波勒教授認為，學習數學就是絕佳的成長型思維實踐場所。因為許多人認為數學講究天賦，甚至男女有別（女生擅長文科、男生擅長理科的刻板印象）。這些剛好就是與成長型思維相反的固定型思維。做為同校教授，波勒頻繁與杜維克討論交流，證實了她的想法。於是在這本書裡，你可以讀到大量破除「數學天賦論」的案例，從腦科學研究到教學現

場，再再證明學好數學與天賦無關。

數學天賦論的想法源自於數學家，數學家所追求的是在抽象數學世界裡探索，證明某猜想、發展某理論，開拓人類的數學知識邊界。這是極其偉大且重要的工作，也因為它的特殊性，就像某些得天獨厚的運動員那樣，擁有特殊的數理天賦會有很大的幫助。

然而，回到教學現場，仔細想想我們並非要培育每個孩子都成為數學家，我們希望的只是**學好小學數學、學好國高中數學，能理解且運用一定範圍的數學工具**。畢竟在資訊、數據主導的科技世界裡，數學是極其重要的能力。這本書告訴我們，掌握這樣程度的數學，好比說解出一元二次方程式，或甚至算出一段積分面積，是人人都可以學會，與天賦無關的。

多元探索，打破單一視角

聽到這邊，許多父母與老師應該會覺得這真是天大的好消息。但也會懷疑起這是否只是心靈雞湯，畢竟實際看到的，就是很多孩子投入了大量時間，卻依然學不好數學。做為一位學者，波勒教授不只有高談闊論，她實際提出了許多教與學的策略方法，讓大人幫助孩子學習。這本書講了最精華的幾種方

法，例如多元探索：從不同的角度理解一個數學觀念，搭配圖像化、視覺化的操作，就是很棒的學習方式。

她所說的這些觀點，對我來說十分受用。

我傳承父親理念後，繼續推廣數學近十年。但起初我自己也不太確定，覺得我們寫文章、辦活動，開發所謂的動手做「數學實驗課」，雖然真的讓很多人看見數學好玩的一面，也有不少孩子長期追蹤下，有著不錯的數學表現。但對課堂學習的幫助到底有多少？我的專業是電機，這部分一直只能打個問號，或安慰自己「如果他們覺得好玩，至少以後遇到困難時會願意花比較多時間面對」。但自從看了波勒教授的第一本著作《幫孩子找到自信的成長型數學思維》，上過她在史丹佛開的線上課程，還有這本書後，我獲得了與經驗相互印證的學術理論，更確定「玩」是學好數學的重要關鍵。數學的本質之一是發現規律，最適合做為「探究」、「探索」的學科。學習過程固然需要自己深入思考，但適當的開放、分享自己與他人的觀念，就能像剛剛說的那樣，看見不同的知識面向。比起把時間完全投入在反覆的程序性練習，效果是更好的。

因為數學是紙筆就能學習的科目，過去我們常只重視紙筆的數學學習。紙筆學習或許是一條直徑，但對許多人來說，這條路障礙重重，走起來諸多不易。而多元的活動，明明三言兩語就能講完的觀念，卻變成一整堂課的操作，乍看之下是繞了

遠路，但就像市區塞車，我們就會開上高速公路，雖然得走比較遠的距離，但最終更快抵達目的地。

事實上，這幾年數學教育界也發展出許多活動，例如師大數教中心的奠基模組、洪萬生教授帶領的台灣數學史學會、林口國中李政憲老師的摺紙活動、嘉義大學嚴志弘教授的藝數活動、成大舒宇宸教授的數學建模黑客松，還有諸多第一線老師的百花齊放，台灣數學教育界用實際行動呼應波勒的理論。

讓下一代學好數學

歷史上發生過許多事，回首過往常讓人覺得有些不可思議，不只是像地心說這樣明顯的科學錯誤，有些比較像是莫名的「社會共識」，例如曾經有一段很長的時間，科學研究對女性來說相對比較不友善。如同前面提到的，台灣的數學教育界已經邁開腳步，如果能結合本書的理論支持，搭配行政端、家長的支持，說不定到了下一代回頭看，他們會開玩笑說：

「以前的人認為少數人才有數學天賦？又不是只能挑一位勇者來拯救世界，明明每個人都能學好數學。」

更希望，他們能同意當年父親所說的話：

「沒錯，數學真的很好玩。」

各界讚譽

在數學教育現場，最大的困難是矯正學生（有時也有家長）對數學學習的迷思。本書許多內容就是針對數學的學習與教學的探討與改進，除了對老師與學生的訪談與實證，也有腦神經在生理上的印證。值得閱讀並深思的一本書。

—— 任維勇，北一女中數學科教師

作者從認知科學成果鑄造出的六把金鑰，有力的破解了學習數學時的迷思。其實大腦在克服困難與糾正錯誤中會持續發展，而那些降低學習數學障礙的方法，也適合用來處理生活上的難題。本書值得所有學生、老師、家長仔細閱讀。

—— 李國偉，中央研究院數學所兼任研究員

我求學時期數學成績欠佳，我長久以來認為，我缺乏數學細胞。這樣的想法只有壞處，甚至是不正確的想法，過去從卡蘿・杜維克提倡的「成長型思維」可見端倪，如今裘・波勒出版這本書，更證明「人是可以改變的」，有助於我教孩子數學

時，我的信心與正向信念。

—— 李崇建，作家、教育家

　　要培養孩子「成長型思維」最好的方式，就是學習數學。而這本書給了六把金鑰，從大腦、連結、信念等，看見每個人都可以有成長型思維，都能不斷前進，在數學裡享受思考的樂趣。教育工作者，不容錯過。

—— 林怡辰，閱讀推廣人

　　透過大腦的神經可塑性，史丹佛數學教育家波勒博士提出了錯中學習、心態改變、感官連結、多元思考以及人際合作等實用學習技巧。以腦科學為依據，讓你相信自己、釋放被束縛的潛力！

—— 謝伯讓，腦科學家、《大腦簡史》作者

（依姓氏筆畫排序）

國際好評

波勒是罕見、了不起的教育家。她不只了解偉大的老師是怎麼教的,也知道如何讓人成為偉大的老師。

——卡蘿・杜維克(Carol Dweck),《心態致勝》作者

波勒是當今最有創造力和創新精神的教育家。本書結合尖端大腦科學與她多年的教學經驗,不只證明每個人都有無限潛力,也告訴我們如何施展潛力。

——蘿琳・鮑威爾・賈伯斯(Laurene Powell Jobs),

公益組織愛默生基金會創辦人

波勒是無所畏懼的自由思想家,給予我們學習的新理念。

——《書目雜誌》

六把學習金鑰

陽光燦爛的一天。我在聖地牙哥博物館前駐足片刻，欣賞廊柱光影亮暗交替，接著準備上台演講。走上演講廳台階之際，一陣興奮震顫穿過我全身。演講廳座無虛席，皆是醫療專業人士。我的演講對象通常是教師和家長。我不知道我的新發現能否引起這群聽眾的共鳴。他們會欣賞我提出的理念嗎？

其實，我用不著擔心。這群醫療人員的反應和很多聽我演講的學生和教育者一樣熱烈。就這次的聽眾而言，大多數人都覺得驚奇，有些人深受震撼，所有人都能了解腦科學研究與自己工作的關聯，甚至能用新的角度來看自己。演講結束時，有位職能治療師跑來跟我說，多年前她本來主修數學，後來覺得太難，就放棄了，認為自己沒有數學方面的才華。她提到她因為被錯誤觀念誤導，無法了解自己的能力，深陷痛苦，恐懼畏縮。她相信大多數人也跟她一樣，認為自己能做的有限。

但是，如果事實恰恰相反，我們能夠學習任何東西呢？如果我們在這一生真的能持續不斷的改變專長、往不同的方向發

展、形成不同的身分呢？如果我們每天醒來，腦子都能煥然一新呢？本書將提出證據，證明大腦和人生都具有令人驚奇的可塑性。如果你能完全擁抱這樣的知識，用新的方式來生活、學習，就會有不可思議的結果。

　　幾乎每天我都會發現有人對自我及學習抱持有害的想法。這樣的人不分性別，來自各個年齡層，各行各業的人都有。他們的經驗如出一轍 —— 本來喜歡數學、藝術、英文或某個學科，後來碰到困難，認為自己沒有那個方面的才能，於是就放棄了。以放棄數學的人來說，他們放棄的不只是數學，還有所有的相關領域，如科學、醫學和科技。同樣的，如果有人認為自己當不了作家，也可能放棄所有的人文領域。又如，有人認為自己沒有藝術天分，就放棄了繪畫、雕刻等藝術。

　　每年，有好幾百萬兒童在踏入學校之初，為了即將學到的東西興奮不已，然而他們很快就發現自己不像別人那麼「聰明」，因而飽受挫折。成人也往往認為自己不夠好，聰明才智比不上別人，因此決定放棄夢想。不知有多少人一踏入會議室就焦慮起來，深怕被人發現自己知道的東西不夠多。這些限制的想法來自我們內心。這樣的想法通常是別人或學校給我們的錯誤訊息引發的。我遇見很多孩子和成人，發現他們的人生因為錯誤的想法而受到限制，因此我決定寫一本書來破除這種自我設限的迷思，並提出一種生活和學習的新方式。

很多人都聽過老師或父母這麼說：「你沒有數學腦袋」、「你英文不行」或是「你沒有藝術方面的才華」。師長出自好心告訴孩子，他們學的東西「不適合他們」。聽到這樣的話語時，有些人還只是孩子，有些人則是在大學修習某些科目，或是為了工作第一次接受面試時聽到這樣的意見。有些人直接被告知，他們沒有某種潛力，還有一些人則認為他們能做什麼、不能做什麼是受到文化因素的影響。

　　如果你能學習本書闡述的新科學，並掌握六把學習金鑰，大腦運作的方式就會出現變化，你也會跟著改變。這六把金鑰不只會改變你對現實的認知，甚至能扭轉現實。因為一旦你開始發揮潛能，就能掙脫束縛，自由自在的生活，克服大大小小的人生挑戰，締造成就。我在本書分享的新科學對每一個人的生活都很重要。不管是教師、領導人或學習者，這種新訊息帶來的轉變將有深遠的影響。

　　我是史丹佛數學教育學系教授，過去幾年和腦科學家密切合作，希望把神經科學的知識納入我對教育和學習的知識當中。我經常與人分享本書的新知識，請他們用不同的角度來看問題，也改變他們對自我的想法。近幾年，我都把心神放在數學教育的問題上。非常多老師、學生和家長都對數學這個學科抱持有害的想法。關於數學能力（及其他能力）的成見，已在美國及全世界引發數學焦慮。很多孩子都認為數學能力是一種

天賦，有人天生就有「數學腦筋」，有人則否。一旦他們在學習遭遇困難，就認為自己能力不足。這種成見影響好幾百萬人。根據一項研究，參加產學合作計畫的年輕人當中，48% 都有數學焦慮，[1] 其他研究也發現，在大學上數學概論的學生約有 50% 因為數學不好而倍感挫感。[2] 儘管我們很難估算在這個社會上究竟有多少人覺得自己數學不好、沒有自信，我估計至少有一半的人。

現在，研究人員已經知道有數學焦慮的人，一碰到數字的問題，大腦裡的恐懼中樞就會變得活躍，就像看到蛇或蜘蛛一樣。[3] 大腦裡的恐懼中樞愈活躍，負責解決問題的中樞就會變得遲鈍。難怪很多數學不好的人一旦開始焦慮，腦部功能就會受到影響。任何學科引發的焦慮都會對大腦的功能產生不良影響。因此，不管在學校或家裡，我們必須避免會引發焦慮的教學方式，不要繼續傳送錯誤的訊息給孩子，以免讓他們對自己的能力有錯誤的認知。

我們的能力不是固定不變的。一個人之所以能力高強，並非基因使然。[4] 令人遺憾的是，社會上充斥著這樣的迷思 —— 大腦是固定不變，我們與生俱來就缺乏某些方面的能力。這種錯誤觀念對教育和日常生活都有負面影響。只有破除這種大腦迷思，知道遺傳並不能決定人生之路，了解大腦具有令人驚異的適應性，我們才能得到解放。每次學到新的知識，大腦就會

產生變化、進行重組。這方面的知識來自大腦可塑性，或稱神經可塑性（neuroplasticity）。[5] 這或許是近十年來最重要的研究。關於這點，我將在下一章分享最有力的證據。

常常，我和教師及教育相關人士分享，告訴他們我們該破除成見，相信所有人都有學習的潛能，他們總會跟我說自己學習的故事。幾乎每個人回想過去的經驗，都發現自己曾受到束縛。我們都曾沉浸在破壞性的迷思中，認為某些人具有天分或特別的資質，聰明過人，有些人則否。於是，這種想法開始左右你的人生。

我們現在知道，這種自我設限的想法是錯誤的。不幸的是，在世界各地，很多文化都有這樣的現象。好消息是，我們挑戰這樣的思維，也有了驚人的成果。本書將拔除那些根深柢固、危險且自我限制的想法，讓機會在你眼前展現。這種新的心態來自神經科學的知識，你可將之擴展到你的觀念思維和人生。

幾十年前，科學家已發現神經可塑性。有關大腦的發展與改變（包括兒童和成人）已有許多開創性的研究，這方面的研究也已奠定扎實的基礎。[6] 然而，這樣的科學知識並沒有進入教室、會議室或家庭。幸好有幾位先驅已努力傳播這樣的知識。其中之一就是生於瑞典的佛羅里達州立大學教授安德斯・艾瑞克森（Anders Ericsson）。艾瑞克森最初發覺大腦具有令人驚異的成長與變化，並非來自當代神經科學研究，而是源於

他的實驗對象 —— 一個年輕的跑者。[7]

　　艾瑞克森從一九二九年發表的一篇研究報告發現一般人皆能增強記憶力，於是開始研究人類記憶力的極限，看一個人究竟能記憶多長的一串隨機數字。早期研究人員訓練一個人背誦一串長達十三個數字的隨機數字，另一個人背誦十五個數字組合的隨機數字。艾瑞克森從當時任教的卡內基美隆大學找來一個名叫史提夫的大學部學生，要他背誦長串數字。史提夫只是一般大學生，並非特別聰明。第一天，史提夫在研究人員的指示下背誦數字。起先，他的表現和一般人差不多，一次可背七個數字，有時可記住八個。在接下來四天的訓練中，他的記憶力略有進步，但超過九個數字就記不得了。

　　史提夫和研究人員都認為這該是他的極限，沒想到接下來史提夫竟能突破瓶頸，記住十個數字。根據艾瑞克森的描述，他研究生涯中最令人驚奇的兩年就此展開。從那天起，史提夫的記憶力緩慢但穩定的增強，在兩百多回合的訓練之後，他最後成功記住了一串長達八十二位數的隨機數字。這當然是了不起的成就。但這並不是魔術。史提夫只是個普通大學生，能有這樣驚人的表現，是因為他的學習潛能不再受到束縛，被激發出來了。

　　幾年後，艾瑞克森及其團隊找來另一個受試者重複相同的實驗。這次的受試者蕾妮一開始的表現和史提夫差不多，在接

受訓練之後，蕾妮記憶力逐漸增強，最後能記住將近二十位數的數字。接著，她又接受五十個小時的訓練，但一直碰到瓶頸，無法再進步，於是退出實驗。艾瑞克森及其團隊很好奇，為何史提夫能記住的數字超出蕾妮甚多，於是開始探究原因。

艾瑞克森就此發現「刻意練習」的力量。他知道史提夫熱愛跑步，好勝心強，會自我激勵。每次他似乎到達極限，就會想出新策略來突破。例如，他在記憶二十四位數的時候碰到了阻礙，就把這些數字分成四個一組來背。史提夫經常會擬定新策略來解決問題。

我們可從這種做法看出端倪──如果你在碰到障礙時，能從新的角度來看問題，研擬出新的做法，往往比較容易突破。儘管這麼做聽起來很合邏輯，問題是，我們在碰到障礙時，常常無法調整自己的想法，認為自己無法克服。艾瑞克森研究很多領域的人類表現，並得到這樣的結論：「不管是哪個領域，證據顯示，只要努力，都能一再超越巔峰，很少有無可改變的限制。但我發現很多人放棄了，不再力求改進。」[8]

如果有人懷疑史提夫記憶力驚人是因為他本來就有這樣的天賦，請再看接下來的例子。艾瑞克森找了另一個跑者來重複實驗。這個跑者名叫達里歐，他能記住的隨機數字甚至比史提夫要來得長──長達一百位數以上。為何一般人也能有如此驚人的表現？研究人員發現，這並非源於遺傳優勢，而是努力和

不斷練習的結果。我們常誤以為能力是與生俱來的，這是危險的迷思。然而，學校系統多半思想僵化，認為學生的能力是固定不變的，這種思維模式將會限制學生的潛力與成就。

我在本書與各位分享的六把金鑰，不只有助於學習不同科目，能為人創造更多機會，甚至能使人用嶄新、積極的方式面對人生，發掘未知潛能。在與各位分享這趟心智探索之旅前，我認為學習腦科學與了解自我潛能的無限，將能改變學校科目的學習方式。為了寫這本書，我與六十二人進行訪談。這些受訪者來自六個國家、各年齡層，工作和生活環境也都不同，我發現讓人掙脫束縛的新科學影響層面很大，遠超過我的設想。

我在史丹佛的同事卡蘿・杜維克（Carol Dweck）費盡心力想破除這樣的迷思。她的研究顯示，我們對自己才華和能力的看法對我們的潛能有很大的影響。[9]有些人具有她所說的「成長型思維」，相信自己能學習任何東西；其他人則秉持「固定型思維」，認為自己的才智或多或少已經固定，儘管能學習新的東西，才智大抵是不變的。杜維克說，根據幾十年來的研究，這種想法不但會限制學習的範圍，也會影響我們的人生。

杜維克等人在哥倫比亞大學的數學課堂上進行了一項重要研究。[10]研究人員發現，女學生深受刻板印象的影響。在成長過程中，她們經常聽到別人說自己不屬於數學好的一群。如果女學生具有固定型思維，又聽到「女生不適合做數學研究」，

就會決定退選。然而，如果她們擁有成長型思維，認為任何人都可學習任何東西，這樣的信念就會保護她們，讓她們不受刻板印象的傷害，繼續學習。

你將從本書各章節，了解正面自我信念的重要性及發展這種信念的方法。你也將得知，與自己和他人溝通這樣的信念非常重要，不管你是老師、父母、朋友或是經理人。

一群社會心理學家進行一項研究，發現教師如能給學生正面訊息，將會帶來很大影響。[11] 他們以高中英文課堂的學生做為研究對象。每個學生都寫了一篇文章交給老師。所有學生都從老師那裡得到好的回饋意見，但其中半數得到的意見多了一句。結果，這些學生 —— 特別是有色人種的學生 —— 一年後的成績大有進步，學業平均成績都提高了。老師到底寫了什麼，為何有這樣驚人的結果？多出的這一句其實只是：「因為我相信你做得到，所以給你這樣的回饋意見。」

我與很多老師分享這個研究結果，並強調老師對學生說的話、給學生的訊息非常重要。我對他們說，我分享這樣的研究，並不是要你們給學生評語的時候都加上這一句。參加工作坊的一個學員舉起手來，說道：「所以，我不該用這句話去刻印章？」這個問題引起哄堂大笑。

腦科學研究證實，自我信念和父母、師長扮演的角色都很重要。然而，在我們生活的社會之中，不管是媒體或電視，每

天都在傳輸，一個人的聰明才智或天賦都是固定不變的。

　　我們經常對孩子說一個似乎無害的形容詞 ── 甚至從孩子才三歲大就對他們這麼說 ── 這個形容詞就是「聰明」。這麼一來，孩子卻可能產生有害的固定型思維。父母經常讚美孩子，說他們多麼「聰明」，希望孩子能茁壯、有自信心。已有多個研究指出這個形容詞是一種固定想法，會造成固定型思維，反而可能給孩子帶來傷害。我們現在知道，讚美孩子聰明時，他們的第一個念頭是「喔，好，我很聰明」，但之後他們碰到困難、失敗或搞砸了什麼，就會這麼想：「原來我並不聰明。」他們因此會懷疑原來的固定想法，重新評估自己。當然，你可以讚美孩子，說他們什麼做得很好，但請注意，你要把焦點放在他們做的事，而不是他們自身。在一些情況下，如果你本來想用「聰明」來讚美孩子，你可以考慮這麼說：

固定型讚美	成長型讚美
你會除法了？ 哇，你好聰明！	你會除法了？ 能學會除法是很棒的一件事。
這麼難的問題你都解決了？ 好聰明！	我很欣賞你的解法。 這種解法很有創意。
你拿到了科學學位？ 你真是個天才！	你拿到了科學學位？ 你一定很努力。

我在史丹佛大學部開了一門課「如何學數學」。雖然修這門課的學生是全美國最優秀的孩子，他們也會受到固定信念之害。多年來，父母、師長一直說，他們很聰明，即使「聰明」不是個負面的形容詞，孩子仍然會受到影響。原因就在他們相信自己是「聰明」的，碰到困難時會覺得更挫折，最後認為自己錯了，其實自己一點也不聰明，就此放棄。

就大腦迷思而言，不管你有什麼樣的經驗，本書將改變你對自我及他人潛能的看法。如果能從無限的角度來看，不只是會改變想法，也會改變你對自我的認知。如果能用這種新觀點來過日子，特別是遭逢災禍、失敗或是犯了大錯，你會發覺自己有不同的認知。如果相信自己的潛能無限，就能洞視這些事件的意義，相信自己能通過考驗並學到新的、重要的東西。

亞戴爾（George Adair）是十九世紀的美國人，內戰後在亞特蘭大經營報業和棉花投機生意，後來成為非常成功的房地產開發商。他的成功源於他常與人分享的洞見：「你想要的一切都在恐懼的另一面。」且讓我們一起好好想想如何超越負面思考和恐懼，解開束縛，得到自己想要的一切。

第

1

章

大腦可塑性帶來的驚人改變

讓人解開束縛的六把金鑰能用不同的方法使人改變。第一把金鑰最重要，也是我們最容易忽視的。這把鑰匙源於大腦可塑性的神經科學研究。雖然某些讀者已經很熟悉這方面的證據，學校、大學和企業的很多做法卻依然根據錯誤的想法。結果，全美國（或是全世界）都有一大堆成就低下、被想法限制的人。這種錯誤的想法其實是能夠更正的。

學習金鑰 #1

每次我們在學習，大腦中的神經路徑
就會成形、強化或連結
我們必須認知：我們一直在成長之路上
不要再對學習能力抱持固定型思維

　　在加州，一個像托斯卡尼的美麗田園矗立著一棟別墅。世界頂尖神經科學家梅澤尼克（Michael Merzenich）就住在這裡。當代最偉大的科學發現其實是他在偶然間注意到的。[1]那時，他和研究同仁正利用最新科技來記錄猴子的大腦活動，繪製「腦圖」（mind map）。在二十世紀七〇年代，這可說是最尖端的研究。梅澤尼克等科學家希望他們的研究成果能在科學

界掀起漣漪。畢竟，這是科學家第一次記錄大腦的運作，豈不令人興奮？事實證明，梅澤尼克等人的研究不只是漣漪，而是滔天巨浪，對世人的生活帶來深遠影響。[2]

梅澤尼克的研究團隊成功繪製出猴子的腦圖之後，就繼續進行其他研究。後來，他們回來看這群猴子，發現猴子的腦部網絡有了改變，和先前繪製的不同。梅澤尼克心想：「這真是令人震驚的現象，但我百思不得其解。」[3] 這群科學家最後得到這樣的結論：猴子的大腦正在快速改變。這也是唯一可能的結論。這就是科學家發現神經可塑性之始。

梅澤尼克最初發表這樣的結果時，一直遭到其他科學家的否定。畢竟，如果梅澤尼克是對的，他們必然是錯的。有些科學家認為，大腦在出生之際就定型了；還有一些科學家則相信，大腦發展到成人之後就不會改變了。他們似乎無法想像成年人的大腦依然可以改變。當年強烈反對神經可塑性的科學家，在二十年後的今天都不得不承認自己錯了。

不幸的是，中小學、大學、企業和文化數百年來皆認為，一個人的才智是不變的；有些人天生具有某方面的才華，有些人則否。因此，我們把學生分成「資優班」和「放牛班」，因材施教。這種做法似乎很有道理。如果一個人在學校或公司無法發揮潛能，沒有長才，不是老師教不好，也不是環境欠佳，而是腦子的問題。有鑑於大腦可塑性知識在這數十年間的進

展，我們該破除關於學習與潛能的有害迷思。

　　研究人員從動物實驗找到大腦可塑性的新證據之後，接著就開始研究人腦改變的潛能。最有說服力的研究來自倫敦。我的教書生涯就是從倫敦開始的。倫敦是全世界最有活力的都市，這裡有數百萬的居民和觀光客。每天，你都可看到「小黑」（傳統的黑色計程車）在大街小巷穿梭。倫敦的小黑駕駛可說是地表上最厲害的運將，又有「人肉 GPS」之稱。你跳上一部小黑，告訴司機你要去某個地方，如果司機說他不知道那個地方在哪裡，你就可以向計程車管理機關申訴。

　　要記住倫敦的每一條路，倒背如流，得費盡千辛萬苦，才辦得到。如果你要在倫敦開小黑，大約必須花費四年的時間。最近，我在倫敦搭小黑，司機告訴我，他花了七年才通過考試。在準備期間，應試司機必須記住以查令十字車站為中心、半徑十公里內的兩萬五千條街道和兩萬個地標或地點，以及任兩點間最順的路線。這不是死背硬記就能背下來的，你必須開過每一條路，感受每一條街，親眼看看地標，看任兩個地點要如何連接，才記得起來。在訓練完成後，司機必須通過「倫敦道路知識測驗」才可執業。每個倫敦計程車司機平均考了十二次才過關。

　　倫敦計程車司機的訓練範圍及焦點引發腦科學家的注意。科學家因而決定研究計程車司機在受訓前後的大腦變化。研究

發現，經過密集的空間訓練之後，計程車司機的海馬迴明顯增長。[4] 這項研究非常重要，原因有好幾個。首先，研究對象是屬於多個年齡層的成年人，這些成年人全都出現顯著的腦部成長與改變。其次，他們腦部成長的區域 —— 即海馬迴 —— 對所有形式的空間及數學思維非常重要。研究人員還發現，如果小黑司機退休了，海馬迴就會萎縮 —— 不是因為年齡大了，而是因為比較少使用。[5] 這種程度的大腦可塑性及變化震驚了科學界。成人如果積極的研究、學習，腦部就會產生新的連結與路徑，但是如果不再使用，這些路徑就會漸漸萎縮、消失。

這些發現是在二十一世紀初出現的。大約在同一時間，醫學界也從病人身上發現了大腦可塑性。六歲大的卡梅倫・莫特（Cameron Mott）每天都會癲癇發作，發作次數甚至多達十次，因為她從三歲開始罹患一種罕見的腦部疾病，不但認知功能不斷退化，也失去說話能力。醫師決定為她切除大腦病變的區域，也就是整個右腦。醫師預期失去右腦的卡梅倫，身體的左半邊將會癱瘓，也許需要多年的復健才能康復，也可能一輩子都好不了。但手術一個月後，她就康復出院。醫師得到的唯一結論是，她的左腦產生新的連結，得以代為執行右腦的功能。[6] 大腦再生的速度要比醫師預期的快很多。

還有其他兒童也接受了大腦半球切除術。八歲大的克莉絲蒂娜・桑豪斯（Christina Santhouse）因為罹患先天性腦炎，由

神經外科醫師班‧卡森（Ben Carson）為她切除半個腦袋（卡森後來想要競選總統）。克莉絲蒂娜康復後，以優異成績自高中畢業，並完成大學和碩士學位。現在，她已是語言治療師。

我們已從神經科學和醫學得到各種不同的證據，確知大腦會不斷成長、變化。每天早上醒來之時，大腦已和前一天不一樣了。接下來的章節將分享增進大腦成長與連結的種種方法。這些方法都可讓人一生受用。

幾年前，我們邀請八十三名中學生到史丹佛大學參加為期十八天的訓練營。他們是一般學生，學習成就和觀念都差不多。參加訓練營的第一天，這八十三名學生都在受訪時表示，他們「數學不強」，但所有人都可以說出自己班上誰數學最強。我們發現，所謂數學最強的，就是在班上第一個搶答的人。

我們在這些孩子身上花時間，希望能改變他們的觀念。每個學生在參加訓練營之前，都在自己地區內接受了數學測驗。十八天後，在訓練營結束時，我們讓這些學生接受相同的測驗。結果，學生的平均數學成績提高 50%，相當於二‧八年的學習。這樣的結果實在令人驚異，證明大腦的學習潛能是可以增強的。

我和訓練營其他老師努力糾正學生的錯誤觀念。我們讓學生看卡梅倫的腦部掃描圖片，告訴他們，這個小女孩因為腦部病變被切除半個腦袋，並描述她的康復過程及這個大腦再生奇

蹟如何讓醫師驚奇，希望卡梅倫的故事能啟發這些學生。接下來兩個星期，我不時聽到學生對彼此說：「如果那個只有半個腦袋的女孩做得到，我也做得到！」

很多學生都認為自己沒有數學腦袋，或是不適合學科學、藝術、英文等科目。這種念頭是有害的。一旦這些學生發現某個科目很難，就不會想要增強自己的大腦，反而怪罪自己沒有適合的腦袋。其實，沒有人天生具備適合學習某個領域的腦袋，所有人都必須努力發展自己所需的大腦神經路徑。

研究人員現在知道，我們在學習時，大腦神經路徑會透過三種方式來發展。第一種是形成新的路徑。起先，這條路徑很微細，但是學得愈深入，路徑就會變得愈來愈清楚。第二種是強化既有路徑，第三種則是兩條原來分開的路徑形成連結。

不管學習數學、歷史、科學、藝術、音樂或其他領域，大腦神經路徑都會出現這三種變化，也就是成形、強化和連結。這樣的大腦路徑不是與生俱來的，而是隨著學習發展出來的——我們遭遇愈多困難，大腦就會成長得愈快，也學得愈多。

後面章節將再詳述這點。其實，大腦會依據活動的不同而改變結構，改善迴路，以達成擔負的任務。[7]

固定型思維的局限

且讓我們想像，這樣的知識對認為自己無法學習某些東西的數百萬兒童和成人會帶來多大的影響。還有許許多多的教師和經理人看到學生或員工碰到困難、失敗了，就認定他們不可能有什麼成就。因此，我們大都相信自己天生沒有學習某種事物的能力，或是老師也這麼說。老師會這麼說，並不是殘酷，反之，他們是出自好心，認為自己應該引導學生學什麼或是放棄什麼。

還有一些人則是為了安撫學生才這麼說。例如，常有人會對女孩說：「別擔心，女孩用不著精通數學。」還有很多學生是透過錯誤、過時的教學方式得到這種訊息，如能力分班或是強調學習速度。不管是透過教學系統或是與教育工作者對話，很多學生因此受到制約，認為自己沒有學習某些領域的能力。一旦有了這種想法，學習及認知過程都會出現變化。

珍妮佛・布里克（Jennifer Brich）是加州州立大學聖馬可斯分校數學實驗室主任，也教授數學課程。她一直努力糾正學

生對數學和自己大腦的錯誤想法。珍妮佛是很不尋常的大學數學老師。她告訴我，以前她總認為每個人天生具有某些才能，也只能做好這些事。以她個人為例，她認為她並非擁有數學腦袋的人。但是後來珍妮佛讀了有關大腦發展和變化的研究之後，觀念就有了轉變。現在，她不但教授大腦成長方面的研究，也跟當助教的研究生分享這方面的新知，希望他們能幫助其他學生。教授這種新科學並不容易，珍妮佛說她就碰到很大的阻力，因為還有很多人相信並非人人都具有數學潛能。

幾個月前，她在自己研究室看電子郵件時，聽到隔壁傳來啜泣聲。珍妮佛不由得豎起耳朵。她聽到隔壁的教授對學生說：「沒關係。你是女生，女生的腦子本來就跟男生不一樣，所以你可能現在搞不懂。不過即使你這輩子都搞不懂，也沒關係啦。」

這番話讓珍妮佛驚愕不已。她鼓起勇氣，走到那位教授的研究室前，敲敲門，探頭進去，問道她可否跟那位教授說幾句話。珍妮佛說，他給那個女學生的訊息是錯的。那教授聽了大為火光，甚至去跟系主任報告此事。幸好系主任是位開明的女性，知道那位男教授說錯了，支持珍妮佛。

珍妮佛因此不遺餘力的破除有關數學與學習的迷思。她正是做這件事的最佳人選。最近，珍妮佛告訴我她念研究所時的痛苦經驗：

第一年總算快結束了，我已著手為論文進行研究。我很努力，也拿到好成績。我修了一門拓撲學的課。這門課對我來說很難，但我拚命苦讀，考試也考得很好。我為自己感到驕傲。拿到考卷時，我發現我拿到 98 分，差一點就滿分了，因此欣喜若狂。接著，我翻到試卷背面，發現教授寫道，請我下課後去找他。「噢，或許教授也為我開心。」我想，可能他想當面鼓勵我。

我走進他的研究室，坐下。沒想到，他卻說服我放棄數學，說我不是讀數學的料。他咄咄逼人的問，我是不是作弊，或是把答案背得滾瓜爛熟，才能拿到這麼高的成績？他斬釘截鐵的告訴我，我不可能成為數學家，數學不可能成為我未來的志業，說我最好轉系。我告訴他，我的學期平均成績很高，這個暑假，我就要開始寫論文了。於是，他調出我的成績，看到我的大學成績和碩士班一年級的成績。接下來，他卻說，我不可能拿到這麼高的成績，該不會也是作弊來的？這樣的話傷透了我的心，畢竟他是我很尊敬的數學系知名教授，很多男同學都很崇拜他。跟他談完後，我坐在車子裡，哭了好一會兒。我實在難過極了，哭到雙眼都腫了。

我媽是老師，因此我打電話給她，向她訴苦。她非常憤怒，但她要我好好想想數學好的人是如何，以及為什麼他們數學這麼好。她的問題讓我開始思索成長型思維。那位教授給我的羞辱引燃了我的鬥志和決心，讓我發誓要更努力，一定要好好走上數學這條路。畢業典禮那天，我上台領畢業證書時，刻意展露驕傲的笑容給他看。

珍妮佛的遭遇告訴我們，一個身為師長、教授的人認為只有某些學生才適合學數學，而這樣的人對學生的未來有很大的影響力。可悲的是，有這種觀念的教師還真不少。特別是在西方，很多人認為，在各個領域、各種職業，只有一些人能有很大的成就。這種文化思維已根深柢固。我們都聽過這樣的話，也在制約之下相信如此。一旦相信只有某些人能出類拔萃，人生就會受到影響，也就不再努力追尋想要的人生目標。這種信念是陰險、有害的，不讓我們發揮潛能。

如果老師等人告訴學生說，他們沒有學習某種東西的腦袋，那是因為老師本身不知道新的科學證據或者不相信這樣的知識。通常這些就是教授核心學科（STEM，即科學、技術、工程和數學）的老師或教授。我將在後面更進一步討論這個問題。我認為這些人卡在固定型思維。正如前述，證明大腦成長

潛能的神經科學是在二十年前才奠基的，在那之前，每個人都相信大腦固定不變、無可改變，難怪這麼多人會有如此僵化的思維。很多被固定型思維卡住的老師和教授根本還沒看到神經科學的證據。基於大學研究績效獎勵制度，那些證據通常只出現在學術期刊裡，而不是提供給需要的人——如教育界人士、經理人和家長。

改變你的認知，改變你的大腦

我和凱西·威廉斯（Cathy Williams）在史丹佛大學共同創辦數學學習網站 youcubed，就是為了讓更多人有機會了解神經科學與數學學習的新知識，特別是教師和家長。我們已經進入一個新時代，很多神經科學家和醫師都在寫書或是透過TED 演講，以改變世人的認知。其中之一就是諾曼·多吉醫師（Norman Doidge）。他致力於改變人們的觀念，並分享重要的腦科學新知。

多吉醫師是精神科醫師、心理分析師，也是多倫多大學精神醫學系教授，著有《改變是大腦的天性：從大腦發揮自癒力的故事發現神經可塑性》（*The Brain That Changes Itself: Stories of Personal Triumph from the Frontiers of Brain Science*）

一書。這本書正如書名所述，描述很多腦部受到嚴重傷害的病人（如中風）或被認為是智障的人經過腦部訓練之後，出現奇蹟般的進步。書中提到的個案大都已是教育界人士和醫師認為無法治療。多吉努力破除有關大腦的迷思，如「腦部的各個區域是分隔開來的，不會溝通或合作」，或是「大腦永遠無法改變」等。多吉說，以前世人認為大腦是固定不變的，因為那時是在「黑暗時代」。到了今天，依然有很多人無法了解大腦可塑性，因此我們需要發動「智識革命」來矯正這種錯誤的觀念。[8] 我同意多吉醫師的意見和做法。有些人似乎不願改變他們對大腦和潛力的成見，因此過去幾年我總是不斷與人分享腦科學新知。

絕大多數學校也被困在大腦的固定型思維之中。很多教學做法已沿用多年，難以改變。英國有一項研究指出，88% 的學生在四歲時接受能力分班，之後則一直在同樣程度的班級。[9]會有這樣的結果，我並不訝異。在學生年紀還小的時候，如果老師對他們說，他們學習能力不佳，這樣的評語往往會成為自我應驗的預言（self-fulfilling prophecy）── 也就是老師先入為主的判斷或多或少會影響到學生的行為，使判斷成為事實。

同樣的，如果我們告訴老師說，他們要指導的學生程度不好，不管有意與否，他們就會用不同的態度對待學生。在美國，有一項大型研究以兩千一百多所學校幼兒園到三年級的

學生為研究對象（總計將近一萬兩千人），也得到類似的結果。[10] 以同年齡的閱讀能力分班為例，被分到最差那一班的學生永遠追不上最好一班的學生。如果能力分班能提升學生的表現，或許值得這麼做，問題是，這種做法並沒有幫助。

根據上述閱讀能力分班研究，實行能力分班的學校學生表現要比不實行能力分班的學校來得差。[11] 就數學的學習而言，也有同樣結果。我曾比較英國與美國這兩個國家國、高中各年級學生數學學習的情況，發現常態分班的學生學習成就要比能力分班的學生來得高。[12]

舊金山聯合校區是個位於都市區的龐大學區，學生總數多達二十五萬人。這個學區的董事會就數學課程的學習順序無異議通過一項決議，在十年級之前，所有學生都修習同樣的數學課，直到十一年級才上進階課程。這種做法引發很多爭議與家長反對。實施兩年之後，該學區學生幾何不及格的比率從 40% 降到 8%，十一年級之後修習進階課程的學生人數也多了三分之一。[13]

實在難以想像，一個學區在短短兩年內就有這樣的轉變，學生的學習機會以及對自己的信心都增加了，學習成就也提升了。研究人員比較世界各國學生的學習成就，發現在最晚或極少施行能力分班的國家，學生的學習成就反而最突出。英國和美國則是全世界最積極進行能力分班的國家。

沒有人知道孩子能夠學習什麼，因此我們必須重新思考種種限制兒童學習的做法。尼古拉斯‧萊契福德（Nicholas Letchford）就是最好的例子。尼古拉斯在澳洲出生、成長。剛上學第一年，老師就告訴他的父母，他「智商很低」，有「學習障礙」。尼古拉斯的母親洛伊絲初次跟老師見面時，老師說，在他們二十年來的教書生涯中，尼古拉斯是他們見過最無可救藥的孩子。他們說，尼古拉斯很難集中注意力、不能與人互動、閱讀和寫字對他來說都很困難。然而，尼古拉斯的母親拒絕承認兒子是一無是處的蠢材，她用心陪尼古拉斯學習，教他專注、與人互動、認字、寫字。對洛伊絲‧萊契福德來說，二〇一八年是具有里程碑意義的一年。她在這一年出版了一本回憶錄，描述她如何陪伴尼古拉斯成長，書名就叫《翻轉人生》（Reversed），而尼古拉斯也在這一年取得牛津大學應用數學博士學位。[14]

　　儘管我們早已走出神經研究的黑暗時期，但學校教育模式依然認定大腦是無可改變的，而且學習能力有先天限制。只要學校、大學和家長繼續抱持這樣的看法，不管是哪個年齡層的學生都會輕易放棄學習，無法從學習獲得樂趣和成就。

　　腦科學最新研究告訴我們，我們的學習潛能是無限的——對許多有特殊需求或學習障礙的學生來說，這樣的訊息可能改變他們的一生。這些學生或許因為疾病、受傷或意外，致使腦

部受到影響，學習對他們來說倍感艱辛。多年來，學校的做法是把這些學生分配到程度較低的班級，然後設法補強。

芭芭拉・亞羅史密斯－楊（Barbara Arrowsmith-Young）則採取完全不同的做法。最近我有幸前往多倫多造訪芭芭拉創立的亞羅史密斯學校。一旦你與她接觸，就會發現她具有非凡的力量。她熱情與人分享有關大腦的新知，也告訴我們如何開發自己的大腦，並運用自己的知識、發展認知訓練課程造福為學習障礙所苦的學生。

芭芭拉兒時被診斷出有嚴重學習障礙。她在五、六〇年代的多倫多長大。她的家人知道儘管她在某方面很厲害，但在其他方面則有很大障礙。例如，芭芭拉有言語障礙，想要說一個字卻說不出來，只能用類似的字詞來取代，她的空間推理能力有問題，聽不懂因果關係的陳述，而且會把字母顛倒。雖然她知道「母親」和「女兒」的意義，但無法了解「母親的女兒」的意思。[15] 幸好芭芭拉有驚人的記憶力，能把老師教的一切都背起來，隱藏自己的缺陷。

長大成人之後，因為自身的缺陷，她對兒童發展很感興趣，開始進行這方面的研究，因而讀了俄國神經心理學家盧力亞（Alexander Luria）的文章。盧力亞描述病人因為中風，致使說話沒有文法、不能進行邏輯思考，也不會看時鐘的指針。盧力亞和許多腦部受到傷害的病人合作，進行了大量的神經心

理學測試，因而得以深入分析各個腦部區域的功能。芭芭拉在青春期因為與人疏離、鬱鬱寡歡，而有輕生念頭，還曾割腕自殺，後來閱讀神經可塑性的研究，了解自己可以透過特殊活動來刺激大腦成長。她從自己最弱的地方下手，進行幾個月的詳細研究。她為自己製作了數百張鐘面卡片，透過不斷練習，判讀時間的速度甚至可以超越「一般人」。她也改善自己對象徵事物的了解，接下來她終於可以掌握語法、數學和邏輯。

現在，芭芭拉為有特殊學習需求的學生創立了學校和認知訓練課程。我去拜訪她的學校時跟她聊天，發現她思考敏捷，很能與人溝通，實在難以想像她過去曾有嚴重的學習障礙。芭芭拉開發了四十個小時以上的測試，以診斷學生大腦的優勢和弱點，也設計了多種認知練習，讓學生得以發展自己的大腦迴路。到亞羅史密斯學校就讀的學生很多原本具有重度障礙，到了畢業，已克服這些障礙。

我第一次到亞羅史密斯學校參觀時，看到學生坐在電腦前專心的做認知練習。我問芭芭拉，學生是否喜歡做這樣的練習。她說，學生很快就發現這樣的練習很有效果，因此學習動機增強了。我也跟那裡的學生交談，很多學生都告訴我，進行認知練習之後，他們覺得腦中的迷霧散去了，能夠理解周遭的世界。我再次造訪亞羅史密斯學校的時候，也跟幾個在這裡接受訓練的成人交談。

夏農就是其中之一。她是個年輕律師。由於律師工作是以鐘點計費，她常被批評做事速度太慢。有人建議她來亞羅史密斯學校。她來這裡參觀之後，就決定接受一個夏季的訓練。我見到她的時候，她才來受訓幾個星期，就覺得這裡的訓練對她幫助很大，讓她有「脫胎換骨」的感覺。夏農說，她不只覺得腦筋變得更靈活，也比較能與人建立連結。她以前常不解有些發生在自己身上的事件，現在終於恍然大悟。她和其他人一樣，提到有「撥雲見日」之感。她說，在與人交談時，她現在能夠完全投入，不再心不在焉。

　　芭芭拉不只提供腦部訓練課程給來多倫多的學生，她也為教育工作者開發培訓課程，讓他們得以學會腦部訓練法，然後在自己的學校施行。學生可在芭芭拉的學校接受幾個月或幾年的訓練，現在芭芭拉也提供遠距教學課程給其他地區的學生。以認知訓練課程而言，芭芭拉可說是全世界的先驅，為這個領域開闢新路。由於有些人仍不接受神經可塑性的概念，或是認為大腦一旦定型，就無法鍛鍊、發展，她不得不忍受這些人的批評，依然為有認知障礙的學生奮鬥，為他們爭取權利。

　　大多數找上芭芭拉的學生都被認為具有嚴重學習障礙，很多都被一般學校體系排拒。但他們在芭芭拉的學校接受訓練之後，就像變了個人似的。參訪完芭芭拉的學校後，我決心幫忙傳播大腦訓練的福音，並與 youcubed 團隊的老師和家長分享

芭芭拉的教學法。正如前述，特殊教育的目的是針對學生弱點予以輔導、補強。芭芭拉的學校則不同，老師會先找到學生大腦的弱點，然後教他們如何增強這部分的腦部迴路，以及建立所需的連結。我期待每一個有學習差異的學生都能接受大腦訓練，掙脫被貼的標籤和限制，以改變的大腦和希望取而代之。

很多人因為先天殘疾而被告知不要妄想踏入某些領域的研究，但他們還是堅持到底。其中之一就是笛倫・林恩（Dylan Lynn）。笛倫從小就被診斷患有算術障礙（dyscalculia）──這是因為基因或先天性的腦部異常導致數學能力缺陷。但是笛倫依然熱愛數學，最後拿到了統計學的學位。儘管所有人都勸她別修習數學課程，但她拒絕放棄，透過腦部的補償系統克服了種種困難。華盛頓大學的教授凱瑟琳・盧易斯（Katherine Lewis）寫下笛倫的經歷，希望她的故事能鼓勵跟她一樣受到限制的人。[16]

現在，我們該有這樣的認知：不要在孩子身上貼標籤或是對他們抱持很低的期望。無論孩子是否經醫師診斷具有學習障礙。*正如前述，我們大腦最顯著的特質就是適應力以及改變和成長的潛力。

----

* 譯注：根據最新版《精神疾病診斷手冊》（*DSM-V*），數學學習障礙被定義為特定型學習疾患中具數學能力困難者。

除了真正有學習障礙的孩子，還有很多學生則聽師長或專家說，他們有學習障礙或相信這是真的（尤其是數學的學習）——其實，他們並沒有這樣的障礙。數十年來，世界各地的老師都認為數學公式或定理背不起來的孩子就是有學習障礙。

然而，根據神經科學家泰瑞莎·伊烏庫蘭諾（Teresa Iuculano）及其同事在史丹佛大學醫學院所做的研究，兒童的大腦都有成長與改變的潛能，因此給學生錯誤診斷是很危險的。[17] 研究人員把參與實驗的兒童分成兩組——其中一組已經診斷出有數學學習障礙，另一組則是一般兒童。研究人員讓這兩組兒童做數學題目，同時用磁振造影掃描觀察他們腦部活化的情況。研究人員發現，這兩組兒童的大腦的確有差異。有意思的是，診斷有學習障礙的那組兒童在解題時腦部發亮的區域（活化區）比較多。這樣的結果與很多人的直覺相反：大多數人都認為，有學習障礙或特殊教育需求的孩子，腦部活躍的區域應該比較少。但是，我們可不希望在做數學題目時，腦部所有的區域都發亮，而是與數學能力有關的幾個區域。*研究人員更進一步研究，並與兩組學生進行一對一教學。為期八週的教學結束時，兩組學生的數學成就測驗結果旗鼓相當，腦部發亮的區域也完全相同。

---

* 譯注：例如大腦中負責情緒的杏仁核區活化程度愈高代表愈焦慮。

這真是個重要發現，顯示只要短時間的學習（研究介入的時間通常是八週），大腦就能徹底改變，重新連結。原本被診斷患有數學學習障礙的學生發現自己也能和「一般兒童」一樣，試想他們的人生會有什麼樣的轉變。希望他們回到學校之後，「數學學習障礙」的標籤已經消失了。你可想像這些孩子就像得到新生，一切都和以往不同了。

好學生也怕數學

大腦成長的發現意義重大，而且不只是對診斷具有學習障礙的學生是如此，對所有學生都是，不管其學習成就高低。能申請上史丹佛大學的高中生都是成績頂尖的學生，通常科科拿A。但他們進入史丹佛之後，上基礎數學（或其他課程）碰到困難，認為自己不是學數學的料，就放棄了。

正如前述，過去幾年，我每年都開一門叫作「如何學習數學」的課，就是為了幫學生破除這樣的迷思。這門課整合學習的神經科學以及「觀看數學」和體驗數學的新方式（後面會再詳述）。教這門課讓我大開眼界。不知有多少大學部的學生在上這門課之初，認為自己的數學很弱，不屬於 STEM 學科資賦優異的一群。他們幾乎都是女學生或有色人種。我們不難理

解為何這些學生認為自己比不上白種男學生。這個社會對性別和人種的刻板印象很深，認為女性和有色人種不適合學 STEM 學科（亦即科學、科技、工程與數學）。

《科學》（Science）上的一篇研究報告足以證明這點。[18] 研究人員莎拉－珍・雷斯里（Sarah-Jane Leslie）與安德烈・席丕安（Andrei Cimpian）與許多不同研究領域的大學教授進行訪談，以了解他們是否相信，一個人必須具備某方面的「天賦」才能出類拔萃。結果令人訝異。他們發現，不管是哪個學術領域，只要該領域愈多教授相信天賦的觀念，該領域的女性和有色人種就愈少。他們總共調查了三十個科目。右頁圖 1 的 A 圖顯示科學及技術領域，B 圖則是藝術和人文領域。

看到這樣的數據，我總是想問：如果天賦的觀念對成人有害，對孩子會有什麼影響？

天賦的觀念不僅不準確，而且具有性別和種族偏見。目前，已有很多不同的證據顯示，如果相信大腦是固定不變並抱持天賦的觀念，往往也會相信，男孩、男性和某些族裔具有天賦，而女孩、女性及其他族裔則缺乏天賦。

數據分析師賽斯・史蒂芬斯－大衛德維茲（Seth Stephens-Davidowitz）就從 Google 搜尋看到一些很有意思但令人不安的結果。[19] 他發現，如果搜尋「我兩歲大的兒子是……」，後面最常出現的字詞是「天才」，而且搜尋「我兒子是天才嗎？」

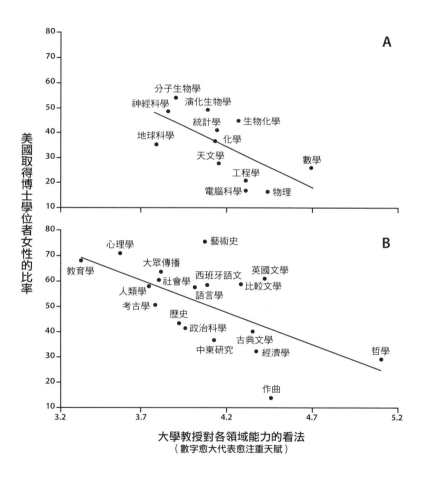

圖 1　大學教授注重天賦的程度與該領域女性取得學位人數之比率

的父母要比「我女兒是天才？」的父母多二・五倍。其實，幼兒的潛能應該沒有男女之分。

遺憾的是，不只是為人父母常重男輕女。丹佛大學學者史鐸瑞吉（Daniel Storage）及其研究同仁對教授評鑑網站RateMyProfessors.com 的匿名評論進行分析，發現男教授被稱讚「傑出」的可能性是女教授的兩倍，被譽為「天才」的機率更是女教授的三倍。[20] 這些及其他研究顯示，天賦／天才的觀念和種族／性別歧視密不可分。

我相信，大多數有性別或種族偏見的人不會刻意思考這件事，甚至不知道自己有這樣的偏見。我認為，如果我們能屏除天賦的觀念，了解每一個人都有自己的成長歷程、都能做出了不起的事，對女性和有色人種的偏見自然而然就消失了，特別是在 STEM 領域。畢竟在 STEM 領域，性別與種族的傳統偏見最嚴重，也出現最多不公平的現象。

很多學生遭到勸阻，說他們沒有學習數學的能力，部分原因就是任教師長的態度。現在，我遇見了幾個了不起的數學家，他們致力於破除「只有菁英才能學數學」的迷思。其中之一就是我的偶像派珀・赫倫（Piper Harron）。派珀是數學教授，她在自己創立的網站「解放的數學家」（The Liberated Mathematician）寫道：「我對數學的看法是，這個領域真是亂七八糟，不斷把能使這個領域變得更好的人推開。對那些假裝

自己是天才的人，我實在忍無可忍。我希望賦予人們學習的力量。」[21] 真高興聽到派珀為破除學習數學迷思的不平之鳴。

不幸的是，有很多學者和教師依然在傳播錯誤的數學菁英主義，公然表示只有一些人能學習數學。光是上個星期，我就聽到兩個典型的例子。有一個數學教授開學第一天就告訴學生，這個班上只有三個學生能及格。在我住家那個學區有一所高中的數學老師對分發到數學高級班的學生說：「不要以為能被分到這個班就好棒棒。你們這班成績最好也就是 C 而已。」這群滿心期待的十五歲學生就這樣被潑了一盆冷水。數學菁英主義者喜歡用這樣的論調打擊學生，意味著他們教的東西真的很難，只有少數幾個有天分的學生才學得會。這種思考方式和論調阻止無數學生踏上數學之路，學生也就無法領略數學之美。這種想法不但傷害了學生，也傷害到數學這個學科，因為如此一來會阻礙多元思考，無法汲取眾多思想家的見解，這個領域也就難有重大突破。

數學家瑪麗安・米爾札哈尼（Maryam Mirzakhani）就是最好的例子。她是全世界第一位榮獲菲爾茲獎（Fields Medal）的女性。由於這個獎項等於數學界的諾貝爾獎，她的生平和研究因而出現在頭條新聞。瑪麗安生於伊朗，和大多數人一樣，上數學課時沒得到什麼啟發。她七年級時，數學老師告訴她，她數學不好。幸好其他老師相信她有學習數學的潛能。

十五歲那年，瑪麗安參加德黑蘭謝里夫理工大學的數學解題課程，人生因而出現轉捩點。她熱愛解題，數學程度也愈來愈好。她在哈佛大學攻讀博士學位時，證明了幾個以前未獲證實的數學理論。瑪麗安的方法和很多數學家不同，如果沒有她的貢獻，數學領域就不會這般的廣闊、豐富、美麗。如果她在少女時期，聽信老師說她數學不行就放棄，這個世界就少了一個數學奇才。

瑪麗安在史丹佛數學系任教時，我們常碰面，討論數學學習的問題。她的一個學生參加博士資格考時，我很榮幸擔任這場考試的口試委員會主席。可惜，她在二〇一七年因乳癌過世，終年四十歲。這個世界痛失一位偉大的女性數學家，但她的影響力將永遠留存，讓數學這個領域更加豐美。

二〇一八年十一月發行的《美國數學學會會訊》（*Notices of the American Mathematical Society*）刊登多篇紀念瑪麗安的文章，其中一篇的作者簡妮亞・沙非爾（Jenya Sapir）的博士班指導教授就是瑪麗安。簡妮亞的博士班資格考口試正是由我擔任主席。現在，簡妮亞已成為數學家。她在文章中回憶跟瑪麗安上課的情景：

> 瑪麗安會在黑板上畫出美麗、精細的圖形。如果她要講述概念 A、B 和 C，她不會解釋說 A 蘊含 B，B 蘊含

C，而會畫出 A、B、C 這三個圖如何交疊。此外，她能使我們從這三個圖看出宇宙的和諧運作。我常想，她的內心世界應該美得令人驚奇。在我的想像中，來自不同數學領域的困難概念都匯聚在她的心中，而且互相影響。瑪麗安看著這些領域的互動，從中領會數學世界的真理。[22]

在這個世界，很多人的思考方式與眾不同 —— 通常他們的想法更有創意 —— 然而還是有人勸阻他們不要追求某個目標、別從事哪一行，或不要踏入運動、音樂等領域。儘管有這樣的阻撓，仍有人不願放棄，堅持到底，最後締造了不起的成就。

但是有更多人就此不再向前，相信別人的判斷，決定退出，不敢逐夢。《哈利波特》系列小說的作者 J. K. 羅琳在出版第一本書之前屢屢被回絕。現在，她已躋身史上身價最高的作家。羅琳在母親病逝後陷入人生低潮 —— 當時她離婚不久，變成一貧如洗的單親媽媽，但她依然專注在最熱愛的一件事，也就是寫作。她寫出《哈利波特：神祕的魔法石》，經紀人把手稿送交十二家出版社，但沒有一家願意出版。

就在她快失去信心時，布魯斯伯里出版社（Bloomsbury）的老闆拿第一章給他八歲大的女兒讀。這個小朋友讀了之後，愛不釋手，要爸爸一定要出版這本書。至今，羅琳的小說已賣

出五億本以上。在面對拒絕時，請記得羅琳這個典範。羅琳說的話很多都深得我心，我也佩服她投身慈善事業，成立兒童基金會，幫助貧窮地區的兒童。她說過的話，我最喜愛的一段就是：

> 人生不可能從不失敗，除非你謹慎到完全不敢冒險，因為怕失敗，什麼都不敢做 —— 然而，這樣的人生等同於失敗。

叫「資優生」太沉重

很多老師、教授和家長認為，只有某些人能學好某個領域的東西，這反映出固定型大腦的錯誤思維。由於大多數人終其一生都活在這樣的思維當中，認為這是常識，難怪會有這樣的想法。各個年齡層的學生都曾因為固定型大腦的迷思而受到傷害，被學校、老師、父母放棄。有好幾百萬的兒童自信心低落，認為自己不能有什麼成就。從另一方面來看，「資優生」的標籤也不見得對孩子有幫助。乍看之下，這似乎很奇怪 ——「資優」有什麼不好嗎？前面提過，很多人認為天賦是與生俱來的，天賦的觀念對女性和有色人種的學生不利，然而被貼上

「資優」標籤，具有過人天賦，也是件壞事嗎？

幾個月前，有個製片人與我聯絡，說他從社會正義的觀點拍了一部有關資優生的影片。我聽了覺得很有意思，就看看他寄給我的預告。看了之後卻很失望。我發覺影片的主旨是有色人種學生也有很多具有天賦，應該發掘更多這樣的學生。我了解這部影片的動機在凸顯教育體制內種族不平等的問題，但我認為根本問題不在於種族，而是固定型大腦思維。對大腦的偏見以及給孩子貼上標籤是更大的問題。

於是，我決定自己來拍片，請 youcubed 團隊幫忙，並找來公民影業公司（Citizen Film）的蘇菲・康斯丹堤諾（Sophie Constantinou）擔任製片。我把我認識的史丹佛學生找來，請他們在影片中講述被貼上「資優生」標籤的經驗。[23] 十二個史丹佛學生在影片中一致表示：身為資優生雖然有好處，但也得付出代價。他們提到，自己內心有一個固定的想法，認為自己是具有天賦的天之驕子，但是一碰到困難，就覺得天賦消失了，而且發現不能問問題，只能回答別人的問題。還有，他們想隱藏內心的掙扎，免得讓人發覺自己根本是冒牌貨。正如茱莉亞在影片的最後說的：「如果我活在一個沒有天才、沒有資優生的世界，我就能問很多問題。」

資優教育主張該給予高成就學生豐富、具有挑戰性的學習環境。我同意這樣的主張。然而，如果資優教育灌輸這樣的觀

念──只有一些學生具有天賦，就像上天特別賜予他們的禮物
──那就大有問題。如果有些學生已達到一定的程度，資優教
育就可以給這些學生更有挑戰性的教材。至於其他學生，如果
透過努力，也達到這樣的程度，應該也能接受資優教育。問題
是，資優教育的專家並不告訴我們這點，而是說有些學生天生
資賦優異，其他學生則否。在我看來，對那些認為自己沒有天
賦的學生以及抱持大腦是固定不變的人，傳統資賦優異分類是
有害的。

　　被貼上「資優生」標籤反而有害，其中一個原因是，如果
你相信自己具有某一方面的天賦、擁有「數學腦袋」或顯露某
種才華，之後碰到挫折則會特別難熬。我想起去年夏天，我和
來史丹佛參加進修班的學員聊天。他們是來自各個學校的老
師。我跟他們分享有關大腦發展的最新研究，也提到給學生貼
標籤有何缺點。蘇珊娜舉起手，幽幽的說：「你描述的正是我
的人生。」

　　蘇珊娜說，小時候她是班上數學最好的學生。後來，她進
了數學資優班，師長常誇讚說，她有學數學的天賦。高中畢業
後，她申請到加州大學洛杉磯分校數學系就讀。大二時，她修
了一門特別難的課，倍感挫折。她想，自己應該沒有數學腦
袋，才會上得這麼辛苦，於是決定轉系，就此放棄數學。蘇珊
娜不知道的是，挫折有助於大腦發展（後面章節會再詳述），

歷經考驗之後，大腦就能建立更多連結，得以學習更高深的數學。要是她當時知道這點，繼續念下去，就能拿到數學學位。這就是固定型思維造成傷害的實例。

蘇珊娜說，因為她小時候被貼上「數學資優生」的標籤，所以決定讀數學系，然而進了數學系之後，這樣的標籤反而讓她痛苦，認為自己不配，最後放棄數學。蘇珊娜的故事很典型，任何一個學科的資優生 ── 不管是英文、科學、歷史、戲劇、地理等 ── 都有可能像她一樣，成為「資優生」標籤的受害者。如果有人讚美你天生具有某方面的腦袋 ── 其實，你的腦袋還沒發展完成 ── 一旦碰到困難，你就會痛苦，開始懷疑自己。我碰到過很多放棄 STEM 學科的人，他們說自己沒有學習那些學科的腦袋。問題不在 STEM 學科，而是誰讓他們相信自己沒有這樣的腦袋。

因此，我反對給學生貼上各種標籤，不管是「資優」、「聰明」或是「愚笨」等。我不是指每個人生下來都一樣。每一個人的大腦都是獨一無二的，都是有個別差異的。儘管大腦具有天生差異，後天經驗對大腦的影響更大。也許有些人的大腦天生極其特殊，乃至後天不管做什麼都影響不了，但這樣的人很少，占所有人口的 0.001% 以下。這些人的大腦差異往往造成殘疾，如患自閉症類群障礙者，但也有一些人因而顯現特殊的創造力。這些特殊的人也會因為被貼上標籤而受到傷害。

沒有兩個人的大腦完全相同，也沒有所謂的「數學腦袋」，就寫作、創造、藝術或音樂而言，天才也是迷思。我們都必須發展自己所需的大腦路徑，也都有學習潛能，能有登峰造極的表現。

鑽研「天才密碼」的暢銷書作者丹尼爾・科伊爾（Daniel Coyle）也同意我的看法。科伊爾與「天才」的指導老師進行訪談，發現所謂的「天才」能掌握特別有效的學習方法。那些老師說道，他們大約每十年可以發現一個「天才學生」。[24] 如果每個學區認定有 6% 的學生大腦異於常人，就該把這些學生挑出來給予特殊待遇，豈不是十分荒謬？《刻意練習》作者安德斯・艾瑞克森教授數十年來致力於研究智商與努力的關係，得到的結論是：所謂的「天才」如愛因斯坦、莫札特、牛頓等人並非「一生下來就是天才」，他們的成功皆來自苦練。[25] 因此，重要的是，我們應該告訴所有學生，他們都還在成長，尚未定型，不能說他們具有天賦或有學習障礙。

我們早已脫離固定型大腦時代，進入大腦成長時代。我們應該慶幸自己能踏上大腦的成長之路，拋棄落伍的觀念和做法，不再認為某些人是「天之驕子」或「天縱英才」。特別是我們該撕下那些過時的標籤，以免帶來更多性別和種族的不平等。每一個人都走在自己的成長之路，沒有必要和其他人比較，更別提用二分法來看待所有的人，認為世界上的人不是聰

明人就是笨蛋。

很多人有這樣的偏見，認為女性因為資質不如男性，因此必須特別努力，才能和男性有一樣的表現。我讀高中時，就曾經歷這種差別待遇。因為我是女生而對我「另眼相看」的不是數學老師，而是物理老師。我記得很清楚，那時英國所有十六歲的學生為了準備全國會考，都必須參加模擬考。有一次物理模擬考，只有八個學生及格——四個女生、四個男生，我是其中之一。物理老師說，那四個男生因為資質好，所以輕易通過，但我們這四個女生因為特別努力，才能及格。因此，他決定讓那四個男生在會考時考比較高級的試題，女生則考比較簡易的試題。

其實，我在高中並沒有特別用功（因為要背的東西很多，我多半覺得很無聊），那次物理模擬考，我根本沒準備。老師說，女生因為程度不好，所以必須特別努力，在我聽來根本就是偏見。我媽是老師，我跟她說了這件事，她認為物理老師的決定是基於性別差異。我媽是女性主義者，痛恨物理老師那套男女有別的論調，於是向學校申訴。老師只好讓我參加比較高級的測驗，但也警告我，說我太不自量力，萬一考不到 A、B或 C 等級，就不及格。我說，我願意冒險一試。

那年夏天，我收到成績單——我得了 A。我很幸運有個好媽媽，她為我挺身而出，改變老師的決定，不讓我成為性別差

異的受害者。為了證明老師是錯的，我也特別努力準備那次考試。很少有學生像我這麼幸運。可惜的是，從此我不再上物理課。因為那個老師的緣故，我不想再讀物理了。

幸好，在數學的學習上，我沒有受到性別偏見的影響。教我高級數學的老師和教授都是女性，她們也是最好的老師。我選擇修習高級數學及所有的科學課程 —— 除了物理。像我的物理老師這種有性別偏見的人影響了我的學習，也限制了我在物理上的發展，可見性別偏見為害之大（種族等歧視也是）。

有一群來自頂尖大學的女學生最近告訴我，她們開始上數學課時，曾問教授問題。教授聽了問題之後，說道，她們問的東西太基礎了，該去社區大學上課。這些女學生都是黑人，因此認為自己不是讀理科的料，決定放棄 STEM 學科。她們接收了太多負面意見，就像其他學生，走上自暴自棄之路。

當然，不只數學的學習是如此，其他領域，如藝術、英文、音樂、體育也是。學生一開始很感興趣，但是碰到困難之後，就認為自己沒有那種腦袋（或身體）。只要學生對自己有這樣的負面想法，就會改變未來的潛能。而且不只在學校會出現這種情況。

我曾和各行各業的專業人士談過，他們告訴我，在得知腦科學的新知之前，在開會的時候，他們往往會緊張、恐懼，不敢提出自己的想法，怕說錯，也擔心受到批評。由於我們生存

的世界認為每個人的大腦是固定不變的，每個人都會被評判「聰明」與否，很多人覺得自己「不夠好」，而且怕被別人發現。一旦放棄固定型大腦思維並加上其他知識，就能掙脫束縛，海闊天空。

我們必須改變想法，不要再認為有些人是天生好手，另一些人則是庸才。這種錯誤想法不只在學校和大學蔓延，職場也是。例如公司經理人就常常認為某個職員腦袋不靈光或是不夠聰明。反之，如果經理人能相信員工擁有無限的潛能，態度就會大不相同，能開闢更多機會，而不會動不動就否定員工。經理人不該草率斷定某些員工能力不好，要從另一個角度來看員工的需求──員工或許需要某一方面的進修，能力就會增強。這種想法將能改變公司運作的方式，讓更多員工創造重要的點子和產品。

解開大腦束縛的第一步，就是了解大腦經常重組、成長、改變。別忘了，每天早上起來，你的大腦已煥然一新。在有生之年，我們的大腦時時刻刻都有機會建立連結、強化原有的路徑，也會形成新的路徑。在我們面對挑戰時，常因為擔心自己不夠好而退縮。我們應該勇往直前，告訴自己，迎接挑戰代表大腦成長的機會。了解大腦有這種驚人的適應力，我們就能敞開心靈，改變人生。在接下來的章節，你將了解這樣的訊息如何幫助你啟動新的神經路徑，並使之強化。

第 2 章

錯誤與掙扎的正面效應

我們的人生充滿錯誤。我們老是犯錯，錯誤已是日常生活的一部分。即使有些錯誤沒什麼關係或是反倒有好的結果，大多數人發現自己犯錯仍不免自責，心情低落。也難怪很多人討厭錯誤。

成長經驗告訴我們犯錯是不好的、可恥的，例如考試答題錯誤，被扣了分，或是因為犯錯遭到父母嚴厲的責罵、處罰。這實在是不幸。

學習金鑰 #2

每一次掙扎、犯錯
都是大腦成長的最佳時期

在學習過程中，如果我們願意面對困難和錯誤，就能強化神經連結，提升學習經驗，也會學得更快。

神經科學研究 [1] 以及以高成就人士為對象的行為研究已顯現錯誤與掙扎的正面效應。[2]

有些研究結果與我們的直覺不符，畢竟我們長久以來都相信把事情做對、做好的重要性。這也就是為何這種腦科學研究具有使人改變的力量。

錯誤能強化大腦路徑

我第一次發現錯誤具有正面效應，是與心態研究先驅卡蘿‧杜維克一起主持教師工作坊時。參加工作坊的老師很多，聚精會神的聽卡蘿解釋，在我們犯錯時，大腦的突觸電流活動會增強，顯示大腦正在成長。每個老師聽了都很震驚，因為他們一直認為應該盡量避免錯誤。卡蘿說，根據大腦反應的研究，人在犯錯的時候，擁有成長型思維或固定型思維的大腦反應方式有所不同。[3]

密西根州立大學學者莫澤（Jason Moser）等人進一步研究人犯錯時的大腦反應，結果這個團隊有了驚人發現。他們要求受試者接受測驗，然後以磁振造影掃描儀觀察他們的腦部活動，看答對和答錯時大腦有什麼樣的反應。結果發現，人在答錯時，腦部活動反而比較活躍，有增強和成長的現象，答對時，腦部活動則比較少。[4] 現在，神經科學家已有這樣的共識：錯誤能強化大腦路徑。

這把學習金鑰特別重要的原因在於，老師在設計課程時，常是以讓每個學生都拿到高分為目標。因此課程和教科書充滿一些簡單、瑣碎的問題，讓學生可以輕易答對。一般人都認為，答對的題目多，學生就比較有學習動機。問題是：答對不是好的大腦鍛鍊法。

要讓學生體驗成長，就必須給學生難一點的題目，挑戰他們理解的極限。同時，得讓學生在鼓勵犯錯的環境下學習，讓他們知道犯錯的好處。這點非常重要。我們除了該給孩子挑戰，鼓勵他們犯錯，也必須給他們一個安心的環境，去除犯錯的恐懼，他們才不會動不動就被挑戰和困難擊垮。不管老師或學生都要對錯誤有新的認知，才能創造理想的學習環境。

作家科伊爾試圖破解天才的密碼，結論是，卓越的成就並非與生俱來的能力，而是源於特別的努力與練習。他深入研究音樂、運動和學科表現等非凡的例子，發現每一個人都是透過特別的練習，而達到驚人的成就 —— 關鍵就在於我們腦神經中的髓鞘。

大腦的運作是透過神經纖維（包括神經元）互相連結起來的網絡，而髓鞘則是包覆在神經纖維外層的脂肪物質，能強化神經訊號，並使這些訊號傳輸得更快、更正確。我們如果不斷想著一個念頭或是踢球，髓鞘都會包覆神經路徑，增強某些迴路，我們的思考、動作就會變得更順暢、敏捷。對學習過程來說，髓鞘非常重要。不管學習什麼，大抵需要時間，髓鞘能強化神經訊息的傳遞，慢慢加強神經路徑。科伊爾舉了很多例子，像是數學家、高爾夫選手、足球選手、鋼琴家等，在他們練習的過程中，髓鞘就會一層又一層的把神經纖維包覆起來，每增加一層，技巧和速度就更上層樓。科伊爾描述說，世界級

的專家因此擁有「超級神經迴路」。

那麼，要如何發展出「超級神經迴路」？我們必須挑戰自己的極限，不怕犯錯，甚至在不同情況下犯錯、更正、繼續努力、犯更多的錯，不斷驅使自己向前。

科伊爾在書中提到一個非常有趣的案例。十三歲的克萊蕾莎正在學單簧管。她看起來只是個很普通的小女孩，音樂資質平庸，音感沒特別好，節奏感平平，也沒有特別強的學習動機。但根據音樂心理學家的計算，她運用特別的學習方法使自己的學習速度快十倍，而轟動音樂界。研究人員錄下一段驚人的學習影片，讓音樂專家研究。

科伊爾看了這段影片之後，建議這段影片可題為：「用六分鐘達成一個月學習成效的女孩」。他如此描述克萊蕾莎的練習過程：

> 克萊蕾莎吸氣，吹了兩個音。接著停下來，把口中的單簧管移開，盯著譜，瞇著眼。接著，重新吹奏。吹完第一句，馬上停下來。第一句有七個音，她漏了一個……她又從頭開始，這次多吹了幾個音，又漏了最後一個音，再倒回去，重吹，把方才漏掉的音補上。開頭漸漸成形 —— 她吹奏的音樂有了活力和感情。吹完一段之後，她足足停了六秒，似乎在心裡哼唱，一

邊按著按鍵。然後，微微前傾，吸氣，開始吹奏。

這段演奏聽起來很糟，根本不是音樂，只是支離破碎、斷斷續續的音符，動不動就停下來，而且錯誤很多。在一般人看來，克萊蕾莎大概永遠也學不會。但學習不能以一般人的眼光來看。[5]

研究人員漸漸看出克萊蕾莎驚人之處，說道，她心中似乎有一份藍圖，不斷和自己比對。她會用完整的概念處理樂曲，同時能聽見自己的錯誤，然後修正。

研究人員說道：「此刻價值百萬。」科伊爾指出：「這不是普通練習，而是一個高度專注、聚焦於錯誤和修正的過程。克萊蕾莎在成長、創建。旋律愈來愈清晰、連貫了，她也出現新的特質。」[6]

就書中討論的各個案例，科伊爾論道，學習者「利用大腦神經機制，以有目標的練習模式來培養技能，不知不覺就進入加速學習的狀態之中。這種狀態雖然無法保留，然而如果能掌握竅門，就能進入這種狀態。簡而言之，他們破解了天才密碼。」[7]

高效能學習的一個特點就是會出現錯誤、碰到困難，歷經這些考驗之後就能從新手變成專家。這和大腦研究的結果一致：也就是人在犯錯、掙扎時，大腦的活動比較顯著，如果做

得正確無誤，大腦活動則比較少。[8] 不幸的是，大多數人都認為自己應該盡量做對，如果犯錯，那就糟了──殊不知對大腦而言，錯誤正是最好的刺激。

「練習」對任何知識或技能的發展都非常重要。安德斯・艾瑞克森教授幫助世人了解超凡表現的本質，他也發現世界級的高手──如鋼琴家、棋士、小說家、運動員等──平均花費了二十年以上的時間苦練，也就是至少一萬個小時。[9] 他說，這些人能成功無關智商高低，而與「刻意練習」息息相關。更重要的是，這些人的成功不只是靠努力，而是用正確的方法加倍努力。許多研究人員也用同樣的方式來描述有效練習──挑戰自己的極限，犯錯沒有關係，改正之後再努力嘗試，再犯更多的錯。

從另一個角度看挫折

國際數學與科學趨勢調查（Trends in International Mathematics and Science Study，簡稱 TIMSS）是每四年舉辦一次的數學國際評比，共有五十七個國家參加。根據最近一次（2016 年）公布的結果，新加坡學生在數學方面的表現排名全球第一。如果我們不知道一個國家為什麼能拿下第一名，這樣的結果就沒有

什麼用處。

　　有一群研究人員因而對七個國家的教學情況進行調查。他們進入教室，並將有代表性的教學樣本錄影下來。這項教學研究揭露了幾個值得注意的結果。[10] 其中之一是，與比較成功的國家相比，美國的數學課程「有一英里寬，但只有一英寸深」，也就是廣而不精。

　　日本學生在數學的表現也很不錯 —— 在 TIMSS 國際評比總是名列前五名，因此研究人員也研究他們的教學方式。研究人員發現，日本學生有 44% 的時間都花在「創造、思考，及設法了解基本概念」上。相形之下，在這方面，美國學生花的時間還不到 1%。

　　史帝格勒（Jim Stigler）是這項研究的作者之一，他寫道，日本老師希望學生努力思考，因此會故意給學生錯誤的答案，好讓學生確切掌握基本概念。

　　多年來，我已在美國和英國觀察過幾千次的教學活動，發現這兩國的老師不像日本的老師會用錯誤或難題刺激學生更進一步思考。如果學生提出問題，需要老師協助，老師常會把問題拆解成幾部分，讓學生透過簡單的步驟來解題。但如此一來，學生缺乏挑戰，輕而易舉就學習完了，雖然輕鬆，卻學不到多少東西。

　　我曾去中國參觀數學教學。中國也是 TIMSS 國際評比名

列前茅的國家。因為中國主辦的一場研討會邀請我去，我利用空檔溜到幾所高中，觀看當地學生上課的情景。他們一堂課約一個小時，但是在一堂課上頂多研究三題。反之，在美國高中數學課堂，學生一小時可做完三十題──差不多是十倍的題目。中國老師給學生的問題很難，不但會問刺激學生思考的問題，甚至故意說錯來考驗學生。

以餘角和補角的學習單元為例。中國老師除了要學生為餘角下定義，還會故意使他們出錯，然後調侃的說：「這樣對嗎？」學生只好繼續苦思，修正自己的定義。老師常會跟學生開玩笑，甚至延伸、扭曲他們的想法，讓他們深入思考。於是學生一再思索、擴展、說明或是為自己的想法辯論，從而激發出驚人的深度思考力。

同樣是餘角和補角的學習課程，美國老師通常會給學生定義，然後要學生做三十個簡單的題目。就我所見，中國教學的特點是「困而知之」，老師刻意給學生難題，讓他們不得不多動腦筋。這就是研究人員所謂「目標導向、以錯誤為核心」的學習模式。如科伊爾所言，要建立高效能的大腦迴路，最好的方法就是「刺激、注意錯誤、再刺激」──這正是中國數學老師的做法。

加州大學洛杉磯分校的學者伊麗莎白與羅伯·畢約克（Elizabeth & Robert Bjork）研究學習已有數十年之久。他們

指出，最重要的學習往往違背直覺，也無法從學校的標準教學法獲得，因此很多學習成效不佳。他們再次強調「適度困難」的重要性，必須讓學生接受挑戰，才能擴展大腦的能力。他們特別提到，每次我們從大腦提取訊息，大腦就會出現變化，日後反應就更為迅捷。[11]

很多人研究重讀（re-reading）的學習成效，發現這麼做對大腦幫助不大。比較有成效的方式是自我測試。在自我測試時，你必須回想你讀過的東西——從不斷犯錯與糾正強化學習。研究學習的科學家也提到自我測試的重要性。自我測試不是要表現給別人看，因此比較不會有壓力或不好的經驗。非評價判斷的自我測試或同儕測試最有助益。[12]

錯誤的價值

神經科學逐漸成為重要研究領域之後，愈來愈多證據顯示，錯誤和挫折對大腦和學習大有幫助。然而，以前很少人相信這點。在好老師的直覺裡，錯誤是好的，也告訴學生，錯誤就是絕佳的學習機會。遺憾的是，很多學生依然覺得犯錯很糟——這通常和注重表現的文化有關。即使是好老師，也無法自外於這樣的文化。即使老師在課堂上說，錯誤是學習的好機

會，我碰到的學生很多都告訴我，只要做錯，他們就覺得自己沒有「數學腦袋」（其他學科也是）。我們應該強調，錯誤不只有助於學習，對大腦的成長與連結有莫大的好處 —— 這才是更重要而有力的訊息。然而，對老師來說，可能很不容易。儘管他們知道錯誤是有助益的，但學生在接受測驗時出錯，依然會遭到懲罰。

可見教育改革挑戰艱巨 —— 教育是複雜的體系，包含多個部分，每一部分都會互相影響。就算老師傳達的訊息是對的，學區施行的做法卻與他們傳達的訊息相左。這也就是為何我鼓勵老師不但要了解何謂有效訊息，傳達正確的觀念，同時也要與學生、家長、校長等學校管理人員分享。

如果老師能鼓勵學生犯錯、苦思，就能讓學生有豁然開朗的感覺。蘇珊‧哈理斯（Suzanne Harris）是紐西蘭一所小學二年級的數學老師，總是一步步的教學生解題，然後給學生計時測驗，驗收學習成果。

蘇珊讀了我寫的書之後，認為自己的想法是正確的，而且已有研究支持這樣的想法，於是問校長她可否改用「裘‧波勒教學法」。校長同意了。蘇珊改採不同的教學方式，其中之一就是與學生分享犯錯和接受困難挑戰的好處。蘇珊在接受我的訪談時提到，她班上有個小男生，因為新的教學法而出現很大的轉變。

戴克斯是個有特殊需求的學生，每天都得服藥才能上學。有一天，蘇珊從我們的數學學習網站 youcubed 取材，要學生在課堂上做「四個 4」的練習：

　　請用四個 4 及運算符號（加減乘除）湊出 1~20 的任何整數。

　　學生都算得很開心，甚至可組成大於 20 的整數。戴克斯在做練習時把 64 和 16 相加。後來，他把 16 和 64 相加，發現答案相同。戴克斯就在這一刻發現了一個重要的數字性質，也就是交換率——在加法和乘法中，改變數字的順序，答案並不會改變，如 18＋5 和 5＋18 的答案是一樣的。學生必須了解加減乘除等運算，但也必須注意數字的順序。

　　由於戴克斯發現了交換率，蘇珊稱之為「二年級學生理解數字相反的策略」。後來，其他學生也發現了交換率。由於當時他們看到了選秀節目「X 因素」（*X Factor*）的海報，就把這樣的數字性質稱為「戴克斯因素」。後來，蘇珊要學生在課堂上分享這一學期學到的東西，有個女生說，她學到了「戴克斯因素」。另一個學生則說，「戴克斯因素」幫她學會九九乘法表。蘇珊說，從此學生不再嘲笑戴克斯是「笨蛋」，甚至認為他是「天才」。

有一天，校長走進這一班教室，跟學生說：「如果我說 5 加 3 等於 10，我的大腦就會成長嗎？所以，我可以故意犯錯囉……這麼做是不是有用呢？」

蘇珊說，學生都嚇一大跳，說道：「什麼？怎麼可以故意犯錯？誰會這麼做？誰會這樣？」

校長說：「你們不是說每一次犯錯，大腦就會成長嗎？」

學生答道：「是的，沒錯，但是你不能故意犯錯。你會故意這麼做，代表你已經知道答案，那就不算犯錯，只是愚蠢罷了。」

看到蘇珊的學生勇於為自己學到的東西辯護，不怕校長向他們挑戰，我實在欣喜。最近，我收到一位老師寄給我的電子郵件。這位老師名叫塔米・山德斯（Tami Sanders），在香港一所國際小學教三年級學生。她在信上說：

今天，班上有一個很安靜的小朋友來到我面前。她講話的聲音很小，我不得不彎下腰聽她說。她在我耳邊說：「山德斯老師，我從你書架上拿了一本書來讀。我發覺這本書很棒，你一定得讀一讀。」我看著她手上的書，讓我吃驚的是，這本書竟然是你的大作《幫孩子找到自信的成長型數學思維》（*Mathematical Mindsets*）。我很感動，心想一定要與你分享。

這個學生名叫吉賽兒，還寫信建議我分別為五歲或更小、六到八歲、九到十二歲、十三到十五，及十六歲或更大的學生撰寫新書！我很欣賞她的點子和熱情。吉賽兒還畫了一張圖畫送我，畫的是她與老師分享這本書的情景（請見右頁圖）。

　　幾年前我們為中學生舉行 youcubed 數學夏令營，並告訴學生，我們對犯錯的態度是多多益善，犯錯有助於大腦成長，對學習而言是很重要的一部分。我們發現學生因此在學習時能享受較多的自由，也改變了他們的學習方式，即使他們不知道對或錯，也願意與人分享自己的想法，碰到困難時，他們也比較能堅持到底。他們相信犯錯對大腦有幫助之後，果然有很大的轉變。分享關於錯誤的正面訊息就是學習路徑和成長歷程改變的一大關鍵。

　　我和凱西‧威廉斯共同指導的團隊中，有個學生名叫艾莉。艾莉是這個團隊中個子最小的，總是歪歪的戴著一頂棒球帽。如果她和其他學生一起在黑板前把自己的想法畫出來，她通常得跳起來才能搆得到別人畫的東西。儘管艾莉是個小不點兒，她的心智能力不可小覷。如果我得找幾個詞來形容艾莉，我會說她是個「堅定」、「固執」、「不找到答案絕不罷休」的女孩。

　　在數學營的活動開始前，我們讓所有學生接受測驗，艾莉成績不佳，在全部八十三個學生當中，她排行第七十三名。來

營隊前，她告訴與她進行訪談的人說，數學課很無聊，她根本不想參加這次活動，寧可待在家裡打電玩遊戲「當個創世神」（Minecraft）。然而，艾莉在團隊活動表現得非常積極、投入，總是努力解說自己的想法，不管碰到什麼題目，她都希望完全了解。萬一碰到困難，一下子搞不懂，有時她會覺得很沮喪。她很專注，常提出一個又一個問題。她也犯很多錯，但總會驅使自己挑戰極限，找到正確答案。在旁觀者眼中，她或許是個數學不好但很努力的學生。

為何艾莉的經驗讓人感動？因為艾莉是所有學生當中進步最多的，儘管參加營隊前成績墊底，十八天後她已躍升為高分群的學生——她從第七十三名進步到第十三名，前進了六十名，分數提高了 450%！艾莉進入了科伊爾所謂的「加速學習區」，[13] 漸漸超越自己理解的極限，不怕犯錯，努力改正，加速擴大理解的範圍。

我們如何鼓勵更多人這樣學習？艾莉的特別之處是什麼？她和其他學生不同的地方並不是她特別聰明，一下子就懂了，她特出之處在於常常出錯，但還是鍥而不捨的找尋答案，即使失敗也不願放棄。我和其他老師討論時，他們常提到，現在很難得看到能堅持到底的學生。老師最常抱怨的就是現在的學生很怕困難，希望輕鬆學習，告訴他們怎麼做就好了。似乎學生完全不想接受困難的考驗。其實，學生不想面對困難是因為他

們懷有固定型思維，認為自己就像別人說的，不可能成功；而碰到困難會掙扎、痛苦，代表他們資質不夠好。

參加我們營隊的八十三名學生，就如同那些老師所言，多半不想接受困難的挑戰。但是在我們強調錯誤以及在困難中掙扎的好處之後，這些學生有了改變，比較願意面對困難，努力解決問題。有時，他們會哭喪著臉找我們，說道：「這太難了。」我們會說：「這正是大腦成長的好機會——你會覺得難，那是因為你的大腦在成長，繼續努力吧。這是很重要、很寶貴的機會，千萬不要輕易放棄。」他們只好硬著頭皮，再接再厲。在營隊活動結束時，我們看到學生變得勇敢、堅持，即使碰到難題，也願意不斷嘗試。我們問問題時，很多學生舉手搶答。

我告訴其他老師艾莉這個例子時，他們都很想知道如何讓更多學生變得像艾莉一樣。他們希望學生能不畏挑戰、擁抱困難、繼續前進。這也就是為何我很高興能見到珍妮佛·薛佛（Jennifer Schaefer），並向這位老師學習如何鼓勵學生。

珍妮佛是加拿大安大略省一所學校的六年級老師。她也是因為學習腦科學之後，發現自己有了驚人的轉變，因此與我聯絡。就像我訪談過的其他人，珍妮佛描述自己從小就是個乖孩子，總是規規矩矩，以得到師長、父母的稱讚，不願冒險。她說，除非確定是對的事，否則她絕對不做。

由於珍妮佛曾擔任青少年輔導員，了解提升孩子自尊、自信的重要性，現在她在教學時特別注意這點。腦科學新知讓她對學習的理解多了一層 —— 正是這一層改變了她的教學方式。珍妮佛說，現在的學生早已斷定自己「聰明」與否。珍妮佛了解大腦成長和思維方式之後，花了整整兩個月對學生灌輸有關大腦和學習的重要概念。正如珍妮佛告訴我的：

> 與其說是幫他們建立自信，不如說是給他們訊息，讓他們真正了解自己的大腦。這就是最關鍵的一層知識，使他們得以具體了解學習是怎麼回事。是的，我曾幫這些孩子建立自尊，但這麼做不一樣。因為這和他們的學習息息相關，不只是讓他們在朋友面前抬得起頭，更重要的是強化他們的學習動機。

　　珍妮佛是個很特別的老師，因為她了解思維方式與大腦研究，並運用在教學和孩子的教養上。很多老師會與學生分享思維方面的訊息，但他們不像珍妮佛那樣把新的腦科學知識融入教學。近幾年，我發覺老師和家長跟學生的互動對發展成長型思維非常重要，特別是在學生碰到困難的時候。珍妮佛告訴我，她用階梯做為比喻來鼓勵學生面對困難。她在教室各處貼了右頁這張圖。

努力的階梯

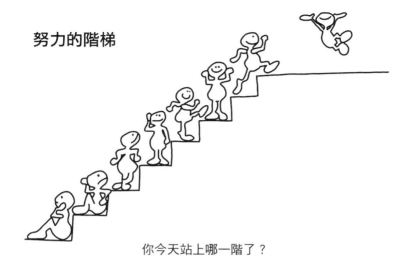

你今天站上哪一階了？

珍妮佛告訴學生，每次克服困難，他們就可爬上更高一階。他們不一定要洋洋得意的站在最高一階，然而就算是在最下面的一階，也不必難過──最重要的是要努力往上爬。就像珍妮佛說的：

> 站在最下面的人看起來氣呼呼的，沒有人想站在那裡。而站在最上面的那個人因為已達成目標，興高采烈，那自鳴得意的模樣著實令人討厭。因此，我總是對學生說：「你們用不著當那個討人厭的傢伙。你們可以站在中間，不是嗎？」

珍妮佛說，學生了解這個階梯的比喻，但他們更喜歡另一個比喻。那是英國教授詹姆斯・諾丁漢（James Nottingham）提出的「學習之洞」（learning pit）——也就是掙扎之洞。對學習而言，這是個非常重要的地方：

學習之洞

珍妮佛要學生合作畫出「學習之洞」。這就是他們畫出來的東西：

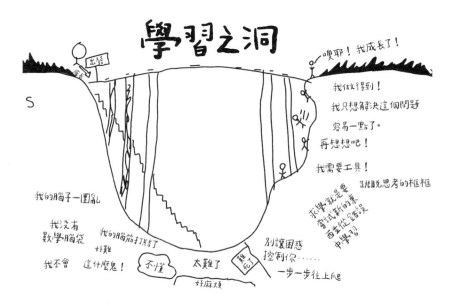

學生也寫下碰到困難的感覺，如「我的腦子一團亂」、「我沒有數學腦袋」、「好難，這什麼鬼！」——每個人都曾有這些感覺。他們也描述掉入掙扎之洞的進展，例如他們會對自己說「別讓困惑控制你，一步步往上爬」，或是生出其他正面、積極的想法。珍妮佛告訴他們，掉進這樣的洞穴並不是壞事，她會抓住他們的手，把他們拉出來。不曾經歷這樣的考驗，對學習和大腦成長反而不好。

她告訴我，有時學生會沮喪的對她說：「薛佛老師，我掉進洞裡，爬不出來！」

她答道：「好極了，你需要什麼樣的課堂工具？」

這個答案有兩個特點。首先，珍妮佛讓學生知道掉進洞裡是件好事，因此說「好極了」。其次，她沒告訴學生如何把問題分解成幾個簡單的部分來解決，而是問什麼資源可以幫助他們。她會這麼說，是因為她了解困難與掙扎是寶貴的學習過程，學生應該勇於面對，而不是想要逃避。

接受我訪談的另一位老師麗亞・哈沃斯（Leah Haworth）則用另一種方法來教學生面對困難。麗亞的方法也很有成效。

麗亞自己在讀小學時曾有一些痛苦的經驗。那時，很多英國小學都實施能力分班，麗亞的學校也不例外，老師告訴她，她天生資質不佳，因此進不了「好班」，只能待在「壞班」。麗亞因此感到自卑。幸好，十三歲那年她跟家人移居紐西蘭，

那裡的老師特別用心幫助麗亞，讓她得以趕上其他同學。後來，麗亞當了老師。她深切了解鼓勵學生的重要性，特別是那些自暴自棄的學生。其中一個就是凱莉。麗亞看到凱莉在哭，她知道凱莉哭是因為她認為自己不是好學生，她也知道凱莉在學習碰到困難時會很焦慮。因此，麗亞決定在凱莉碰到困難時，從旁協助，之後再慢慢放手。她告訴凱莉和其他學生，她自己在小學階段也很沒信心，常常因為不會、不懂就哭了起來。凱莉升上較高年級之後，麗亞給她愈來愈多困難的挑戰，並盡量讓她獨自解決。凱莉改變了，變得更有自信、不再動不動就哭，常常帶著微笑。麗亞說：

> 不過是一年多的時間，這個小女孩的數學不但突飛猛進，思維方式有了轉變，也能把新的思維方式運用在其他的學習上。她本來對自己毫無信心，愛哭而且不願參與討論，現在她勇於嘗試，不怕困難，甚至不怕犯錯，樂於跟同學分享自己的想法。雖然這一班的學生都在學習之路上，凱莉的轉變和學習歷程特別教人驚異。我坐下來沉思──這就是我想當老師的初衷。

麗亞於是改變教學方式，鼓勵學生發展成長型思維，願意擁抱挑戰，結果很多學生都有了很大的改變。在她改變教學

方式之前，65% 的學生能達到學習標準，在改變一年後，84% 的學生已能達到標準。與我們合作的老師表示，這種轉變是典型的結果，儘管我們希望 100% 的學生都能達到標準，改變一年後，84% 的學生能達到標準確實很了不起。麗亞在課堂上積極灌輸正面訊息給學生，特別是缺乏自信的孩子，鼓勵他們面對困難的挑戰。

我最初與學生和一般民眾分享關於錯誤與掙扎的最新研究，我告訴大家「錯誤能使你的大腦成長」。這樣的訊息簡潔、有力，我知道全世界有很多學生因此得到助益。儘管有人對「成長」的看法過於狹隘，認為所謂的「大腦成長」是腦部變得愈來愈大，批評我的說法。目前我們已知，錯誤能增加腦部神經連結，使大腦功能和效力增強。因此，我不但認為我傳達的訊息沒錯，更該讓年紀小的學生（如幼兒園及更小的孩子）知道成長有各種形式。在我看來，連結及未來能力的增強就是成長的一種重要形式。

用不同視角重新定義失敗

如果你了解錯誤的好處，就能用不同的視角來看失敗。這是脫離束縛的重要步驟。我自己就有這種解脫的經驗 —— 從害

怕失敗、懷疑自我到脫離束縛、自由自在。請注意：這是一個持續的過程，你必須不斷努力。

身為學者，我失敗過很多次。為了讓我們在史丹佛大學成立的 youcubed 中心運作，支付教職員薪水及提供免費教材給老師和家長，我們必須申請很多經費，但卻經常遭到拒絕。我不時也得把論文或研究報告投稿到學術期刊，被退稿更是家常便飯。即使沒被拒絕，進入審查階段，也可能遭到批評，最後還是無法刊登。例如，有審查委員說我寫的東西「不是研究報告，只是一篇故事」。如果我們不把「失敗」看成改進的機會，那就幾乎不可能在學術界生存下去。有位教授曾給我這樣的忠告：每次投稿到一本期刊，你必須先想好下一個投稿對象，如果遭到拒絕，修改之後，再投到下一本。我曾多次照他的建議去做。總之，失敗並不是絕路，而是代表你必須重新出發。

能解開束縛 —— 特別是擁抱挑戰和掙扎 —— 也有助於應付難纏的人。在社交媒體的世界，不管我們分享什麼，似乎常會遭到反對，甚至碰到態度惡劣的人。我就曾經多次遭到這樣的挑戰。現在，我知道我得堅強，找尋正向的事物。你不能當作沒事，也用不著自責，你得這麼想：「這是很好的機會，讓我變得更強。」

凱倫‧高西耶（Karen Gauthier）學習有關大腦成長和學習的新科學之後，就懂得利用這種心態來看待失敗。凱倫是老

師，也是媽媽，她描述自己在成長過程中常會出現「選擇性緘默」，也就是為了避免說錯，在某些情況下，寧可不說話。在她小時候，如果碰到困難，不想做，父母就讓她放棄。因此，她放棄壘球，也不再彈鋼琴。我想，身為老師或父母的我們常覺得有些事情對孩子來說太辛苦，就放過他們了。這麼做似乎是支持孩子，但可能適得其反。

我記得我曾在加州雷爾賽德（Railside）一所高中觀看學生上數學課。有個學生在白板上做題目，一邊向班上同學解釋她是怎麼解題的，但說到一半就說不下去了。她說，她不知道要怎麼做。班上同學都看著她，教室靜悄悄的。在旁觀者眼裡，這一刻實在尷尬。老師對那個女生說，別回到座位，再努力想想。那個女生繼續站在白板前思考。

後來，那個女生回想這堂課的經過，說了一句讓我意想不到的話。她說：「老師沒放棄我。」她的同學也同意她說的，老師要他們繼續努力，因為老師相信他們有能力做到。我因而恍然大悟，我們督促學生或孩子接受挑戰時，也得讓他們知道我們相信他們做得到。我發現，有時給學生或自己的孩子困難的挑戰，他們會解讀為這是給他們的信任投票，因而受到鼓舞。

凱倫為什麼想當老師呢？她說，因為自己學習經驗不佳，她想給學生更好的學習經驗。她是個很棒的老師，曾獲選橘郡年度優良教師。她受邀擔任橘郡的數學教學顧問，要求該郡老

師採用新的教學法，不料，那些老師不贊同她的理念。凱倫說，她才當了十個星期的顧問，就已心灰意冷。「這時，我像是回到小時候。我對自己說：『天啊，我根本不夠好。我能騙誰呢？我做不到。』」

凱倫描述她在那時歷經的煎熬，幸好有個朋友幫助她培養韌力和自信。凱倫在內心充滿自我懷疑時看到有關錯誤與大腦成長的研究。她讀得興味盎然。她說，她因此有了改變：

這時，我突然擁有全新的心態，我告訴自己：「等等，這是個機會。我不能放棄，一走了之。」

這就是解脫束縛、勇於面對挑戰的反應 —— 你心想，我絕不會被擊倒。我要好好把握這個機會。

凱倫了解每個人都會碰到失敗 —— 儘管有些人喜歡擺出勝利者的姿態，好像他們不管做什麼都很成功。現在，凱倫能回過頭來，用不同眼光來看自己碰到的困難和失敗。她用低谷和高山來做比喻。

如果你身陷黑暗的低谷 —— 你得好好利用這段時光，努力往上爬，總有一天，當你站在高山上回顧過去，會心懷感激。

就凱倫的**轉變**而言，她也談到她會為自己打氣，讓自己充滿正面思想，如此一來就不會悲觀、自憐自艾。她說，以前她教養孩子的方式和自己的父母如出一轍。如果孩子覺得辛苦，她就讓孩子放棄了。現在，她改變了。她提到自己的經驗：

> 我兒子就是最好的例子。兩年前，我開車載他去打棒球。那是他們隊最後一次比賽。他從來沒打出全壘打。快到球場時，他說：「這是我最後一次比賽。我想，我再怎麼樣都打不出全壘打。」我對他說：「嗯，那要看你相信什麼，你相信自己做得到嗎？」他說：「我不知道。」我說：「在你踏上本壘板、準備揮棒時，你可以對自己說：『我＿＿＿＿＿＿』你可以用任何話來形容自己，例如：『我很厲害』、『我很棒』、『我一定能打出全壘打』……」
> 你知道嗎？這孩子果然揮出全壘打。他做到了。他一踏上本壘板，我就對他高喊：「你最棒。」他轉過頭來瞪我一眼，好像在跟我說：「媽，安靜點！」在他擊出全壘打那一刻，我不斷尖叫。

　　對凱倫來說，掙脫束縛的過程深深影響她的教學生涯和教養兒女的方式。最近凱倫擁抱成長型思維，鼓起勇氣申請更高

階的職位，而且成功了。現在，她已是加州最大學區的數學課程專家。她說，如果她沒有成長型思維，就不可能去申請這樣的職位。凱倫學習腦科學新知，了解挫折和錯誤的重要性，努力了好幾年才掙脫束縛，把失敗看成機會。其實，這是每個人都能做到的。

看一個人因應失敗的方式，就能看出此人是否真的已擺脫束縛。擁有成長型思維的人能面對困難的挑戰，相信自己能夠成功，但是在我們失敗時，成長型思維告訴我們什麼？即使失敗，依然不屈不撓的人、被擊敗又重新站起來的人、就算被排擠也不喪志，認為這代表自己做的事情很重要 —— 這些人就是真正掙脫束縛的人。在事情進展順利的時候，你當然會覺得自由自在，沒什麼問題。在你處於逆境、碰到挑戰或遭遇阻礙時，特別需要解脫束縛。

凱特・里吉（Kate Rizzi）就是最好的例子。她說，她小時候是個非常好奇的孩子，但她的父母並不重視好奇心，認為服從、守規矩才是優點。由於必須壓抑住好奇心，她變得自卑，也不知道自己是怎麼樣的一個人。很多人都像凱特，在成長過程中因為好奇、好問而被父母斥責。凱特說，她不由得畏縮起來，變成另一個人 —— 很多同性戀者、跨性別者在青少年時都曾遭遇這種痛苦的歷程。更有許多人因為討好、迎合父母而貶低自己。因為畏縮，凱特喪失了自信。她描述說，小時候

拚命想要證明自己是個聰明的孩子，在求學過程中一直擔心別人會發現她的「真面目」。

凱特參加里程碑教育課程（Landmark Education course），她的人生因而出現轉捩點。她從這個課程認識大腦，也了解如何面對人生。她在課程中認識大腦的邊緣系統。邊緣系統的生存反應可追溯到人類的遠祖時代 —— 邊緣系統掌管人類的恐懼情緒，使我們的祖先提高警覺，免於成為劍齒虎的獵物。儘管我們走在路上，不再擔心遭到野獸攻擊，但大腦邊緣系統依然時常警告我們「不要那樣、小心一點、不要冒險」。凱特從課程中學習抗拒這種思維。她說，這個課程幫助她了解自己的感覺、改變自己的經驗。在此之前，她說她隨時提心吊膽，深怕缺點被人發現。上了這個課程之後，她慢慢解開自我束縛，決定「把人生當成一場實驗」。

上完課程後，凱特看到一則徵人廣告 —— 她住家附近一所大學傳播學院院長徵求助理。以前，她絕不會考慮應徵，現在她對自己有了新的了解，決定寄出履歷，也錄取了。凱特描述說，這個新工作就是她人生實驗的第一個「數據」 —— 只要你願意大膽冒險，就會有收穫。經過一段時間後，凱特不再充滿畏懼，她追隨自己的熱情，以興趣做為導引。

最近凱特遭遇到很大的挫折。她目前的職務才做了四個月，突然遭到解雇。學校沒給她任何解釋。她服務的學校顯然

無法了解她分享的新知和重要觀念。

　　很多人碰到這種情況都會崩潰。由於這些年來，凱特已擺脫束縛，因此能用新的視角來看待自己的處境，把失敗視為機會。走出遭到解雇的震驚之後，她認為這時正是她新生和發展創意的好機會。她沒去找另一份工作，而是創業，成為連結家庭和學校的教育輔導者。她經常代表學生去與老師會談。她非常熱愛目前這份工作。和凱特談了之後，你很難不為她的轉變感到驚訝。在她兒時和年輕時，她一直活在恐懼之中，擔心被人看穿，但她已經變得堅強，不會讓任何事情阻撓自己。

　　我們現在知道大腦會不斷成長、改變，也知道犯錯和掙扎有助於學習和成長。固定型思維已嚴重滲透到我們生存的世界，犯錯和掙扎正是讓我們得以掙脫固定思維迷思的兩大關鍵。只要了解我們可以學習任何東西，掙扎和挫折是好的，我們就能用不同的方式來學習，而且學得更好，和他人的互動也會有所改變。從此，我們不再認為自己必須知道一切，願意承認自己的脆弱，也願意分享自己不完美的想法。這樣有助於在會議中與人交流，而不再擔心別人會認為自己無知。這種轉變能使人獲得解放、自由。不管是學生、教育人士、父母或經理人，有關大腦改變的新科學及了解挑戰的助益都能使人變得更好。每個人都能掙脫束縛，展現無限的潛力。我將在下一章探討這種令人驚異、寶貴的科學新知。

第
3
章

改變思維信念，扭轉現實

所有的學習金鑰都很重要，但是有些特別教人意外。本章介紹的金鑰或許是令人最意想不到的。簡而言之，只要我們改變對自己、大腦及身體的看法，大腦和身體就會出現變化。在提出學生的案例之前，我想先分享有關身體改變的驚人證據——包括我們的肌肉和內部器官的改變。只要你相信，你的身體就會出現這樣的改變。

學習金鑰 #3

如果我們改變自己的信念
身體和大腦本身就會跟著改變

信念與健康

史丹佛研究人員愛莉亞・庫朗（Alia Crum）等人為了研究信念對健康的影響，在二十一年期間搜集了 61,141 人的數據。研究人員發現，參與這項研究的人如果相信自己運動做得夠多，要比認為自己運動做得不夠多的人來得健康，儘管兩者的運動量完全相同。這項研究還顯露了一個令人難以置信的差異：與對運動抱持正面想法的人相比，對運動抱持負面想法的

人在往後十年的死亡率高出 71%。[1]

　　另一個縱貫研究的研究人員則以五十歲左右的成人為受試者，詢問他們對年老的感覺。他們把受試者分為兩組，一組對老化的看法是正面的，另一組則是負面的，發現調整健康基準線及其他變數之後，持正面看法的人比持負面看法的人平均多活七‧五年。[2] 另一項研究則募集了 440 名十八到四十九歲的受試者，發現跟持正面看法的人相比，對老化持負面看法的人在往後的三十八年間罹患心血管疾病的機率要高出很多。[3] 還有一項研究則以十八至三十九歲的人為研究對象，發現對老化持負面看法的人，在六十歲之後罹患心臟病的機率，可能比持正面看法的人高出兩倍。[4]

　　庫朗與蘭格（E. J. Langer）合作，以飯店房務員為對象進行一項有趣的實驗。他們把房務員分為兩組，告訴其中一組（實驗組）他們每日工作的運動量符合衛生署的建議，有益健康。另一組則做為對照組，不告知這樣的訊息。儘管這兩組房務員的行為沒有改變，在實驗介入四週後，與對照組相比，實驗組體重減輕、血壓降低、體脂肪減少、腰臀比和身體質量指數（BMI）也變得更理想了！這項研究顯示，我們對自己運動情況的看法可能使體重下降、健康改善。[5] 研究人員發現，在實驗介入之前，這些房務員不知道自己的運動量如何，在得知自己的工作就是運動之後，獲得了很大的好處。這種信念改變

了他們對運動的心態，甚至連人生也出現轉變 —— 因為心態改變，身體功能也會跟著出現變化，正如我們知道心態會影響大腦的功能。

根據最新研究，我們甚至可藉由集中精神發展肌力，讓自己變得更強壯或是增進樂器學習的成效，即使我們沒有鍛鍊身體或練習。研究人員訓練受試者在不使用肌肉的情況下發展肌力。其實，他們只是讓受試者想像自己在運用肌肉。[6] 他們將受試者分為兩組，一組想像自己的手指在一個平面上使力，另一組則真的把手指放在平面上用力，以訓練肌力。想像組持續練習十二週，每週練習五次，每次十五分鐘。結果顯示，想像組的指力增加了 35%，而接受實際訓練那組，指力增加了 53%。

研究人員解釋，即使肌肉沒有動作，只是想像自己在做動作，這種頭腦訓練也能增進皮質輸出訊號，推升肌肉的表現，增加肌力。研究人員下結論道：「心靈對身體及肌肉有很大的影響力。」同事聽我敘述這個研究之後，開玩笑說，太好了，他們以後用不著去健身房，只要想像自己去健身房做運動就好了！這麼說其實也有幾分道理。如果我們聚精會神，把精神貫注在肌肉的發展上，透過腦部訊號的強化，肌肉真的可以增強。

另一個令人印象深刻的研究結果是以鋼琴演奏者做為研究對象。[7] 研究人員募集了一群職業鋼琴家，請他們練習一首樂曲，然後表演。但是其中半數鋼琴家是用頭腦練習，另一半

則是在鋼琴上練習。用頭腦練習的那一組鋼琴家，不但彈得很好，結果跟用鋼琴練習的那一組幾乎一樣好，動作的速度、時間掌握和預期模式也都有進步。學者指出，在腦中演練樂曲對鋼琴家來說，和實際在鋼琴上練習一樣重要，如此一來可以避免雙手過度使用及身體疲勞。[8]

信念和衝突

　　我的同事杜維克改變了幾百萬人的人生。這麼說毫不誇張。她發現，只要我們用不同的心態來看待自己的能力，人生就會大不相同。有人相信自己能學任何東西，還有一些人則認為自己的聰明才智不足，能學的東西有限。杜維克及其研究團隊進行了很多研究，發現我們對自己的看法很重要，只要改變看法，人生就會截然不同。在我分享一些做法之前，且讓我先介紹杜維克團隊的最新研究。他們研究人解決衝突的能力，發現我們都能藉由衝突的解決變得比較平和。

　　我第一次見到大衛・耶格爾（David Yeager）的時候，他還是史丹佛大學的博士生，現在他已是德州大學奧斯汀分校心理學系副教授。耶格爾和杜維克進行了有關思維和衝突的重要研究。他們發現，思維固定者（相信自己的能力和特質固定不

變的人）碰到衝突時，比較會想要報復。然而，如果他們能改變思維方式，侵略的傾向就會消失。[9]

研究者指出，思維固定者相信人是無可改變的——包括自己——也就會比較具有侵略性。這樣的人認為失敗會顯露自己的脆弱，因此對自己會有較多負面想法，也比較容易覺得羞恥。同時，思維固定者會把對手看成「壞人」，表現出敵意。研究人員發現，有成長型思維的人碰到衝突時，比較不會有敵意、不會覺得羞恥，也比較不會想攻擊別人。他們的反應會比較平和，是因為他們認為別人也有改變的能力。重要的是，具有固定型思維的人並非不可能改變，如果能幫助他們培養出成長型思維，他們就比較能原諒別人，將來也願意幫助別人，使人出現較好的反應。

其他研究者也發現，具有成長型思維的人比較不會有種族偏見。[10] 如果人們了解其他人沒有固定思維，而且比較沒有偏見，跟其他族裔的互動方式就會有所改變。

這些新研究透露固定型思維對很多生活層面都有重大影響。我們也可以從研究得知，如果我們能改變思維，相信自己能夠改變，心態就能變得比較開放，包括減少對別人的敵意。不只如此，科學也告訴我們，改變信念能促進身體健康，得到幸福。有鑑於上述令人印象深刻的研究結果，我們也就能了解，為何改變有關學習和潛能的信念就能獲得更大的成就。

信念與學習

關於不同信念會對學生的學習有重大影響，最早且具有里程碑意義的研究是以七、八年級上數學課的學生為研究對象。[11] 研究人員依學生思維型態的不同，將他們分為兩組。兩組學生上同一所學校，老師也相同。

下面圖 1 顯示，抱持正面信念的學生持續不斷的進步，但固定思維的學生則是在原地踏步，學習成就比較低下。很多研究也得到一樣的結果，顯示對任何年齡的學生來說，思維方式都有重大影響。

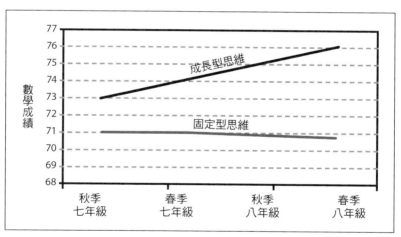

圖 1　不同思維型態的學習成效比較

我在上一章分享了莫澤等人關於人在出錯時的大腦反應研究，顯示人在出錯時，腦部反應活躍，而且有成長的跡象。[12]莫澤等人的研究也凸顯，與固定型思維的人相比，具有成長型思維的人在出錯時腦部活躍的程度較大。

　　這項研究讓我們得以具體了解，一個人的信念真的能夠改變大腦運作的方式。這點極其重要。多年來，世人皆認為人類的情感和認知或知識是分開的，其實不然。情感、認知與知識是相互交織、密不可分的。當一個人出了錯，若能相信自己的潛能，就能激發更多有益的腦部活動。

　　這個研究結果對所有人都具有極大價值。例如你碰到困難，相信自己能解決，但還是搞砸了，大腦依然會出現比較正面的反應。要是你消極的想「我想，我做不到」，大腦就不會出現正面反應。很多人都曾承擔艱巨的任務，或家裡出現難纏的問題，這樣的結果就能促使我們相信自己。如果我們以正面信念迎接挑戰，而非懷疑自我，犯錯時大腦的韌力和適應力就能增強。信念的變化不只能改變腦部結構，為更高層次的思想創建途徑，也能用創造力解決問題。正如那些相信運動有益的人果然變得更健康，相信自己學習效率強的人確實能學得更多。

　　莫澤等人的研究結果也幫我們了解上頁圖1的表格，知道何以具有成長型思維的學生一直有進步。現在我們已知，具有成長型思維的學生，每一次出錯，腦部活動就會變得更

加活躍。這項研究也顯露，很多學生認為自己不適合學習某個領域，果然學習成就低下。很多人都認為有些人有「數學腦袋」，有些人則否。現在，我們知道這是有害的迷思。

改變思維方式

　　目前已有很多證據指出，如果學生相信自己具有學習潛能，就不會認為學習成就是由遺傳決定的。因此，我們必須為學生、孩子以及相互合作的人創造機會，幫助他們發展成長型思維，了解不同的思維源於何處。根據杜維克的一項研究，孩子的思維方式在三歲的時候開始發展，他們的思維來自父母讚美的類型。杜維克等人在研究中發現，從孩子十四到三十八個月大時受到的讚美可預測他們七、八歲時的思維。[13] 破壞性的讚美通常是固定式的，例如告訴孩子他們很聰明或類似的話。我們現在知道，孩子聽到這樣的讚美時，一開始會想：「太棒了，我很聰明」，但是等他們長大，和別人一樣犯錯，就會質疑自己「其實，我並不聰明」。從那時起，他們就會用固定的方式來評判自己。

　　杜維克有一項研究就是探討讚美孩子「聰明」會有怎樣的立即影響。研究人員給參與這項研究的兩組學生有挑戰性的任

務。完成之後，研究人員讚美其中一組「真的很聰明」，另一組則讚美他們「很努力」。接著，研究人員讓學生自行選擇下一項任務，看是要選擇容易的，或是比較困難的。被讚美「努力」的那組學生 90% 選擇了比較困難的任務，至於被讚美「聰明」的那組則多半選擇簡單的任務。[14] 這項研究顯示固定式讚美有何立即性的影響。被讚美「聰明」的學生，希望保有這樣的標籤，因此選擇簡單的任務，那就可繼續有「聰明」的表現。

學生也是因為這種思維模式而放棄有挑戰性的科目，如數學和科學。在美國，具固定型思維的學生很多是學業成績優秀的女生。杜維克在另一項研究中發現，具固定型思維的女生最容易放棄數學和科學。根據哥倫比亞大學數學系進行的一項研究，「女生沒有數理頭腦」這種刻板印象依然非常盛行。具成長型思維的女生不理會這樣的刻板印象，只追逐自己的目標，但如果是固定型思維的女生，就很容易放棄 STEM 核心學科。[15]

那麼，我們要如何發展成長型思維呢？這是條漸進之路。思維的轉變不是像開關一樣，立即能達到。但思維模式的確是能改變的。許多研究證實，只要讓人看到大腦成長和可塑性的證據，思維模式就能改變，正如前兩章所述。我自己的教學經驗和帶領工作坊的過程也印證這點。一旦你與人分享這方面的科學新知，就可以看到成長與變化。我親眼看到學生的轉變，

也聽全球各地的老師講述他們的所見所聞。目前的科學研究也支持這點。

　　已有很多學生接受思維介入之助，了解大腦就像肌肉，經過鍛鍊就能成長。得知這樣的訊息之後，他們的學習成就提升了。在一項重要的思維研究中，研究人員召集七年級學生，提供訓練課程給他們。他們把這些學生分成兩組，讓其中一組學習技巧，另一組則給他們大腦成長和思維模式的訊息。[16] 結果請見圖 2，前一組學生成績退步，後一組學生則進步了。

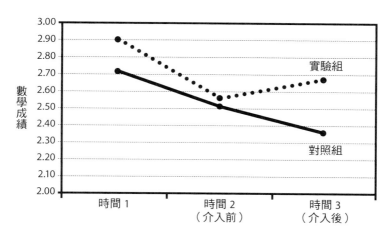

圖 2　七年級學生抱持不同思維型態對學習成績的影響

　　我和凱西・威廉斯在史丹佛大學共同創辦數學學習網站 youcubed，部分原因就是為了與學生分享大腦成長和思維模式

的證據。我們為本書進行談訪研究，有六十二個成年人告訴我們，他們的人生有了轉變——可見任何年紀的人都能改變。我們也從訪談得知人如何受到固定型思維的束縛，然而只要思維模式轉變，發展成長型思維，就能解開束縛。

瑪依芙・甘涅（Mariève Gagné）是加拿大的一名教師，她的母語是法語。她和很多人一樣，認為自己不擅長 STEM 學科。即使她在求學時期是資優生，依然相信這種有害的迷思。多年來，接受我訪談的人很多都有受到束縛的感覺，他們在學校時學習成就低下，而且沒有信心，認為自己不可能有什麼成就。但瑪依芙學業成績優異，她會覺得自己不夠好，因為她不是前幾名的學生。可見很多學生都是迷思的受害者，即使是資優生，如果沒拿到第一名，就會認為自己不夠好。

因此，我們製作影片告訴大家「資優生」標籤之害。例如在史丹佛大學部就讀的裘蒂說道，她不能攻讀工程，是因為在班上她「不是數學或化學最好的學生」。這些例子告訴我們，在這個國家，即使是最優秀的學生也會受到迷思的傷害。年輕學子通過各種考試的試煉，終於擠進一流大學，對學習無不懷抱一顆興奮、期待的心，但他們很快就發現「強中自有強中手」，自己根本不夠好。這就是退步的開始。固定型思維會使人陷入這種僵化的想法，陷入無意義的比較。

正如學生必須了解掙扎的益處，關於與人比較，他們也該

有正確的心態。我曾與各個年齡層的學習者談過，他們認為每個人的大腦是固定的，因為有些人很快就學會了，而且是某些領域的「天生好手」。他們不了解的是，大腦每天都在成長、變化。每一刻都是大腦成長和發展的機會，只是有些人在不同的時間點建立了比較強的路徑。因此，學生必須了解，他們也能發展出這樣的路徑，如果學習方法正確，就能趕上其他學生。

暢銷書《恆毅力》（Grit）作者安琪拉·達克沃斯（Angela Duckworth）也強調這點。[17] 她提到她在舊金山洛爾中學（Lowell High School）代數基礎班教的一個學生。這個班的學生無法通過進階班的檢定測驗，所以被分到這個班。達克沃斯說，在她任教的基礎班，有個叫大衛的學生特別努力，進步很多，因此她幫忙把大衛轉到進階班。大衛轉過去之後，起初很辛苦，有一次考試甚至拿到 D 的成績。但是大衛把這次的挫折當成機會，努力改正，提升自己的能力。

到了高三，大衛決定修習比較難的微積分課程，且在大學預修課程檢定考拿到滿分。接著，大衛到史沃斯莫爾學院（Swarthmore College）工程學系就讀，現在已是一名火箭科學家。如果被分發到基礎班的大衛認為自己沒有數學頭腦便放棄，就不可能得到老師的提攜，轉到進階班，他的人生之路也將完全不同。還有很多人都沒有這樣的機會，自暴自棄，怨天尤人。他們沒有自信，不力求精進，不相信自己能夠成功，也

就很難有所成就。

　　學生因為成績落後而受到打擊，或是氣餒的說怎麼學都學不會，這時最重要的一個字眼就是「還沒」。杜維克認為，對學習而言，這是最關鍵的一個詞彙。如果我聽到我的孩子、我的學生或我的朋友說他們做不到，我常會跟他們說，不是做不到，是「還沒」做到。有時，我會請人把自己的想法畫出來，他們常說：「我畫得很糟。我不會畫畫」，我就說：「你是說，你**還沒**學會畫畫，是嗎？」儘管這似乎只是換成另一種說法，結果卻大不相同。利用「還沒」這個字眼，可轉移焦點，讓人不再糾結於自己的能力不足，把焦點轉到學習過程。

　　在學年開始或開始上任何一堂課的時候，校方和老師應該和學生分享大腦成長的科學，告訴他們，雖然每個人都不一樣，但所有人都能學會老師教的東西。學習成果豐碩與否，和學生的思維模式息息相關。這樣的訊息能讓學生茅塞頓開。反之，如果老師對學生說：「在這個班上，只有少數幾個人可以及格」，這種說法只會澆熄學生對學習的熱情。正如第一章所述，不管是哪個學術領域，只要該領域愈多教授相信天賦的觀念，該領域的女性和有色人種就愈少。會有這樣的結果，部分原因就是老師或教授相信天賦，因此告訴學生，只有少數擁有天賦的學生得以成功。由於大多數學生都放棄了，難怪會如此。

　　如果你身為父母，就有很多機會觀察社會比較為孩子帶來

的傷害。若能跟孩子好好談，就能減輕這樣的傷害。兄弟姊妹有幾百萬個互相比較的機會，很多孩子認為他們的兄弟姊妹學得比較快，因而懷疑自己沒有潛能、能力不足。社會比較已經夠糟了，透過遺傳稟賦來看，傷害則會更大。如果孩子認為自己的兄弟姊妹或同學天生就有好腦袋，自己永遠比不上，就會心情低落。反之，如果孩子能用挑戰和機會的眼光來看待同伴或兄弟姊妹的表現，儘管現在不如他們，還是能激發自己努力趕上，促進大腦成長。

學生如果知道大腦成長和思維方式的影響，就能了悟非常重要的一點：不管他們現在學到什麼階段，都能持續進步，最後取得優異的成績。有一項研究以剛進高中的學生為研究對象。研究人員發現，68% 的學生在第一學期成績下滑。學生表示，這是壓力造成的（由此可見成績評定對孩子的負面影響）。[18] 但是具有成長型思維的學生則會認為挫折是暫時的，壓力也比較小。至於持固定型思維的學生對挫折的反應趨於負面，壓力也較大。[19] 這是有道理的，因為具固定型思維的學生總會告訴自己：瞧，你就是沒有那種腦袋，難怪會考這麼糟。

瑪依芙在求學時期發現同學成績比自己好，就覺得壓力很大，成人之後，了解神經可塑性，才終於慢慢掙脫束縛。瑪依芙加入教師社團，認識了很多志同道合的朋友，一起分享正面信念和大腦成長的知識。她也加入推特社群，發現很多老師在

上面分享一些很棒的理念，讓她大受震撼。她在接受我訪談時說道：「哇，過去這麼些年，我到底在做什麼？」

現在，瑪依芙對學生的潛力感到興奮──更重要的是，她也相信自己的能力。她身上有數學符號的刺青，還教那些沒拿到高中文憑的人高中數學，並和他們分享腦科學新知。瑪依芙說，他們是最需要知道這種訊息的人。跟瑪依芙談，聽她傾吐學習的熱情，實在讓我感觸良多──如果這個老師沒接觸神經科學、一直以為自己沒有數學腦袋，今天就不會散發出這樣的光和熱。

想要改變、掙脫束縛，必須認知：過去的失敗並非自己本身的問題造成的。另一個重要改變是，不要執意做專家，勇敢面對各種情況，大方承認自己也有不確定的地方。傑西‧梅爾蓋瑞斯（Jesse Melgares）與我分享掙脫束縛的改變。他是洛杉磯東區一所學校的副校長，以前是數學老師。他說，他是個非常在意自己表現的人，常覺得自己知道的東西不多，而且他這個人就是這樣，不能改變了。然而，當了副校長之後，他必須指導數學老師，很擔心別人會發現他的數學不夠好：

> 說實話，每次有人問我數學問題，我就膽戰心驚，壓力大到爆表……好像有人踩在我的胸膛上。每天早上醒來，我總是在想：今天必然有人會問我數學，我卻

不知道答案……我的真面目是否會被拆穿，被發現我
是個冒牌貨？

不管從事何種行業，很多人都有這種壓力和恐懼。我希望
本書能幫助每一個人克服這種感覺。有一天，傑西利用我們的
線上課程，驚覺自己過去學習的東西，不管是當學生或老師，
都是錯的。

了解今是昨非之後，傑西洞視這樣的事實：過去他認為自
己不夠好是自己的問題，其實不然，這是教學制度的問題。我
也看過其他人有這種轉變，特別是在教學方面有痛苦經驗的
人。暑期數學營的學生也告訴我們，他們在參加營隊之前，數
學很差，總認為數學會這麼糟是因為自身的問題，後來才知道
這是教學制度害的。從此，他們用不同的心態來面對數學。正
是這樣的了悟，傑西感覺自己有如獲得新生。

傑西不再害怕數學，而且展開新的「旅程」，發現自己對
數學充滿熱情。他不怕被數學擊垮，更能以興奮的心情來迎接
數學的挑戰。他不但擺脫對數學的恐懼，甚至成為二十五所學
校的數學課程總監 —— 對一個曾經怕數學怕得要死的人來說，
這真是很大的轉變。他會有這樣的轉變，轉捩點就是學習了大
腦的新知識。他因而得以從不同的視角、心態來看，也對自己
有了信心。儘管現在還是會碰到無法回答的難題，但傑西再也

不害怕。他告訴自己：「我現在還沒有答案，但我們可以想出來。這是個挑戰。」通常，解開束縛的人都會出現這種典型的**轉變**。如果能改變思維方式，了解掙扎的益處，就能用新的、比較正面的方式來面對挑戰和未知。不要一心一意想當專家，用好奇以及與人合作的方式來摸索吧。

改變信念的一大障礙就是自我懷疑。瑞典心理學家艾瑞克森指出，自我懷疑（尤其是我們不知道要如何前進時）是人生當中很自然的一部分，有問題的是「無論如何都無法繞過、越過或是穿過的阻礙」。[20] 艾瑞克森說，關於表現，其實很少有真正的限制。一個人會受到限制是因為自己放棄、不再嘗試了。

最近看了我很迷的連續劇「國務卿夫人」，特別有感觸。我喜歡這齣劇集有好幾個原因。雖然這是虛構的故事，描述美國國務卿夫人伊莉莎白・麥科德（蒂婭・李歐尼〔Téa Leoni〕飾）及其幕僚面臨各種內憂外患的經過。此劇描繪不少驚心動魄的世界大事，但最吸引我的是國務卿夫人解決問題的思維模式。國務卿夫人說的一些話深深打動了我。例如，在寫本書時，我正在看第一季中的一集，那集描述西非貝可族人即將遭到種族大屠殺，國務卿夫人及其幕僚想辦法阻止悲劇發生。經過一天的努力，仍無進展。首席政策顧問傑伊對國務卿夫人說：「我們無計可施了。」

大多數人聽了這樣的話大概只會頹坐在椅子上，宣布放

棄。但國務卿夫人不然,她直直看著傑伊的眼睛,說道:「我不接受。」她的堅決激發幕僚團隊,給了他們靈感,讓他們想出解除危機的辦法。雖然這齣影集是虛構的,看國務卿夫人以正向的話語和思維模式激勵她的團隊,讓我想到領導人思維的重要性。如果領導人有成長型思維,就能影響跟隨他們的人。

我在訪談中曾聽到一個發人深省的真實故事。加州中央谷地果園主人說的一句話,改變了一個男孩的一生。這個男孩就是丹尼爾‧何夏(Daniel Rocha),他現在已是加州圖萊爾郡的數學輔導主任。丹尼爾說,要不是果園主人激勵他,他不可能有今天的成就。

丹尼爾告訴我,他爸爸是農場工人,他寒暑假都會跟爸爸一起去果園工作。升高三那年暑假,丹尼爾很想要一雙喬丹球鞋,但他沒有錢。他想,如果跟爸爸去果園打工,就能用自己賺的錢買球鞋。那年暑假的工作特別辛苦,他發現為了一雙球鞋做牛做馬實在很不值得。沒想到,最大的收穫竟是來自果園主人對他說的話:

> 我們在果園工作時,我注意到果園主人走過來。由於我爸爸是工頭,果園主人過來跟他說話。「嘿,何夏,那個小子是誰?」我爸用破英語說道:「我兒子。」主人又問:「他不是黑工吧?」我爸說:「當

然不是，他有居留證。」主人又對我爸咕噥了幾句。我沒看他。我不想引人矚目。我捧著一大袋約二、三十公斤重的水果，站在梯子上方，專心保持平衡。這時，我突然感覺梯子搖晃起來，我就快摔下去。往下一看，原來是果園主人在搖我的梯子。他凶巴巴的對我大叫：「你在這裡做什麼？」我很緊張，回答說：「我是來這裡工作的。」他接著叫道：「你給我下來！滾出我的果園！我永遠不想再看到你了！」他說：「這是你最後一次踏入果園，以後不准再來。明年，你給我好好上大學，可別再讓我聽到你回來這裡工作。」

我嚇了一大跳，而且大受震撼。那天，坐我爸開的車回家時，其他坐我們車的工人都下車之後，我爸讓我坐在前座。他轉過頭來對我說：「你想在果園工作，還是想上學？」

我說：「嗯，我想上學。」我爸懷著沉重的心情說：「那你得自己想辦法囉。我不能幫你。我不知道該怎麼做，因此幫不上忙。你自己想辦法吧。」開學後，我發現學校有個老師很熱心，能協助學生申請獎助學金。於是我去找那個老師，說道：「我需要你的協助。」我能有今天，多虧那個老師幫忙。

那位果園主人可說是丹尼爾的貴人。從來沒有人告訴他說，他應該上大學。最近，丹尼爾的爸爸來看他。丹尼爾剛下班，還穿著西裝、打領帶。爸爸看著他，驚嘆道：「你看看！」這個老爸看兒子出人頭地，內心激動不已。丹尼爾是個很棒的老師，後來當上數學輔導主任。他要他的學生知道，他相信他們。丹尼爾從個人經驗體會到，知道自己有能力往上爬的訊息有多麼重要。丹尼爾不只告訴學生，任何事情都是可能的，也幫助他們相信這點。

　　研究告訴我們，如果我們對自己有正面信念，大腦和身體的運作方式就會出現改變而有更好的結果。幾年前，或許沒人會相信這是真的。從本章所提到的一些研究和個人故事來看，即使是一、兩句話也能帶來不可思議的轉變。這樣的話語讓人有了不同的觀點角度，例如讓房務員知道他們的勞務工作有益健康，或是丹尼爾被當頭棒喝，說他該去上大學。這種話語能改變人對身體和人生的思維方式，進而使身體和人生出現真正的轉變。任何人都能有這種改變。只要換個角度來想，人生就能變得更好。我們也能透過正面思考，並利用成長與改變的知識來鼓勵別人，幫助他們翻轉人生。

　　最近，我和卡蘿・杜維克在史丹佛大學對一群澳洲訪客演講，我們因此有機會聊了一下。卡蘿告訴我，關於思維運作方式的兩個層面，她有了新的想法。在踏上研究生涯之初，她認

為人的思維方式不外乎兩種，一種是成長型思維，另一種是固定型思維，但她現在了解，我們在不同時期和地點，會有不同的思維。我們必須指認自己在何時出現固定型思維，甚至為這種思維命名。

那天，她提到她和一位業務團隊經理合作的經過。這個經理決定把自己的固定型思維叫作「杜安」。他說：「在我們焦頭爛額的節骨眼，杜安出現了。他要我嚴格要求每一個人。於是，我對團隊的人頤指氣使，而不是協助、支持。」團隊裡的一名女性成員對他說：「沒錯，你的杜安出現時，我的伊安娜就開始咆哮。你的杜安像個巨人，雄壯威武，讓我覺得自己能力不足，不由得變得畏縮、焦慮，因此引發伊安娜的怒火。」[21] 卡蘿說，我們必須把不同的思維方式當成不同的化身，如此你才會留心固定型思維的出現，並且及時阻止。

卡蘿也提到她最近發現我們必須當心「偽成長型思維」[22] ── 包括對思維方式的誤解。她解釋說，「偽成長型思維」會告訴學生，他們只需要再努力一點，即使失敗，也讚美他們的努力。她說，這麼做適得其反，因為學生知道你的讚美只是安慰獎。反之，師長應該把讚美的焦點放在學習過程上，如果學生沒有進步，得幫他們找出其他策略和不同的方法。關鍵在於，讚美必須與有效努力連結。當學生被一個問題困住了，老師可讚美學生的思維方式，或是指出如何透過努力來求取進步。

老師擁有極大的影響力，能改變學生的思路。前面提到的訪談就可證明這點。如果老師對學生說「老師相信你」，學生就會認為每一次掙扎和犯錯都是有價值的，也能尊重不同的思考和生活方式。父母也能扮演類似角色，尊重孩子的生活方式，讓孩子解脫束縛，做自己想成為的人。

事實證明，大腦與身體都有不可思議的適應力。如果老師、父母、教練、經理人、學生及其他學習者能用這種心態來學習，這種知識的力量就能被放大。你可在本書末尾的「參考資源」找到各種家長和教師可利用的免費資源，包括給各年齡層學習者看的科學影片、海報、課程、習作和短篇文章。

關於大腦和身體改變的潛力，我們已有廣泛的證據，並可藉以質疑「天才」和「天賦」的迷思。只要我們知道大腦和人類幾乎可做任何事情，就能用完全不同的觀點來看待人類的潛能與學習方式。然而，如果我們不從神經科學的新發現來看學習方式，就無法了解這種大腦成長及思維方式的新知識有何力量。我將在接下來的章節討論這點。如果能整合這方面的知識並用新的角度來看自己，就能有驚人的結果。

第 **4** 章

多角度學習，促進大腦連結

以成長型思維來面對人生非常重要——你知道掙扎、努力的盡頭就是成功，沒有什麼事是辦不到的。至此，我們大抵了解成長型思維的重要性，但沒有束縛的人生還有一個重要層面幾乎不為人知。這個層面是一大關鍵，也就是不要限定自己一定要走什麼樣的路徑。這是一種和各種想法互動的新方式，不管是就你想要學習的科目或是生活的其他領域。

學習金鑰 #4

如果你能從多個層面來思考
神經路徑和學習成效皆能不斷增強

當然，很多人都很關注思維方式，也知道在任何時候都必須相信自己。但就學習而言，告訴學生要培養成長型思維還不夠，因為我們的文化充斥著種種互相矛盾的訊息，令學生無所適從。杜維克寫道，除了告訴學生改變思維方式的價值，還必須採用不同的教學方式，讓學生能用不同的方式來學習。她說，有些老師會告訴學生，他們必須努力，成功是苦幹來的，但是卻不給學生提升學習效率的工具。這件事讓她輾轉難眠。她說：「努力是得到成就的關鍵，但光靠努力還不夠。學生必

須嘗試新的策略，在困住的時候，需要尋求別人的意見。」

偉大的教育學者、作家艾菲·柯恩（Alfie Kohn）曾批評改變思維運動。他說，如果只是告訴學生要改變，要他們更努力，卻不改變體制，是不公平的。[1] 我完全同意。這麼多年來，我已學到最重要的一點：如果要學生發展成長型思維，老師必須以成長的角度進行教學，讓學生用多種方式學習，學生才能看到成長的潛力。如果以固定方式來呈現教材，例如給學生一堆問題，每個問題只有一個答案，而且只有一種解題方法，學生就很難發展成長型思維。

因此，老師、家長和領導人要如何強調及增強有關成長與學習的正面訊息？最好的方式就是從多個角度來教學和學習。這是源於史丹佛大學及其他地方最近的神經科學研究，也參考從幼兒園到大學各級學校教師的許多經驗。

我在史丹佛大學與多位神經科學家合作，特別是醫學系梅農教授（Vinod Menon）領導的研究團隊。梅農實驗室的神經科學家陳浪經常協助 youcubed 團隊。史丹佛大學的研究人員研究腦部網絡的互動，特別是大腦在解決數學問題時。他們發現，即使是簡單的算術題目，也會涉及五個腦部區域，其中兩個是視覺路徑。[2] 背側視覺路徑就是處理數量的主要大腦區域。

他們和其他神經科學家還發現，不同大腦區域之間的交流可增強學習和表現。二〇一三年，研究人員朴俊求（Joon-koo

Park，譯音）與布蘭能（Elizabeth Brannon）在共同發表的報告中提到，我們在處理符號（如數字）時，會運用不同的腦部區域，有別於處理視覺或空間訊息（如點陣列）。[3] 這兩位研究人員還發現，兩個有關視覺路徑的腦部區域（腹部及背部視覺路徑）如能互相溝通，則能增進數學的學習與表現。我們不只是可透過數字來學習數學概念，也可透過文字、圖像（圖片或影片）、模型、算法、表格和圖表，甚至可從動作、**觸摸**等方式來學習。我們若能利用兩種或更多的方式來學習，也就得以使用不同的腦部區域，使之互相溝通，強化學習經驗。直到最近，我們才知道這點，至今很少運用在教育上。

研究腦部不同區域互動的科學家雖然以做數學題為研究焦點，但結果也適用於其他領域的學習。新知識的學習需要不同的大腦路徑，如專注、記憶、推理、溝通、視覺化等路徑。我們如果能從多個角度著手來看知識，就能刺激所有的路徑、強化大腦，並得到最佳學習成效。

有關手指的驚人發現

最新研究揭示大腦處理數學問題的一些細節，著實讓人驚異。例如，研究人員發現，手指對數學的理解很重要。柏泰萊

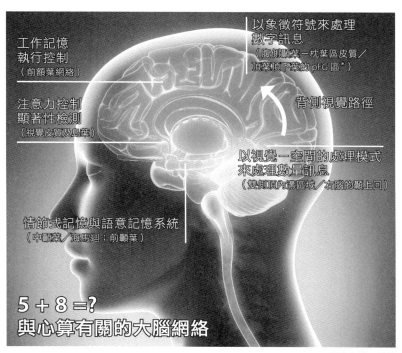

工作記憶
執行控制
（前額葉網絡）

注意力控制
顯著性檢測
（視覺皮質及島葉）

情節式記憶與語意記憶系統
（中顳葉／海馬迴；前顳葉）

以象徵符號來處理
數字訊息
（腹側顳葉－枕葉區皮質／
頂葉頂下葉的 pFG 區*）

背側視覺路徑

以視覺－空間的處理模式
來處理數量訊息
（雙側頂內溝區域／右腦的頂上回）

5 + 8 =?
與心算有關的大腦網絡

圖內資訊：陳浪
圖片來源：Shutterstock / CLIPAREA I Custom media

---

* 譯注：pFG 區是位於緣上回後方的皮質。

堤（Ilaria Berteletti）與布斯（James R. Booth）分析腦部一個特別的區域，這個區域就叫體感手指區（somatosensory finger area）。他們發現，如果給八到十三歲的孩子做比較複雜的減法運算，孩子腦部的體感手指區就會變得活躍，即使孩子在運算的過程並不使用手指。[4] 值得注意的是，就算不用手指來幫助運算，卻可「看到」代表手指運動的大腦在活動。根據研究，問題愈複雜、牽涉到的數字愈大、運算愈難，體感手指區就愈活絡。

由於研究證明手指與數學思維大有關係，神經科學家強調「手指感知」的重要性。人的每一根手指都對應大腦的某個區域，因此適當的手指運動能促進對應腦區的分化與成熟，激發大腦潛能。要測試手指感知能力，可把一隻手藏在書本下或放在桌子下，請另一個人碰觸你的指尖。手指感知能力好的人會馬上知道哪個手指被觸摸。更進一步測試，則是請人同時碰觸兩個不同的地方 —— 指尖及手指中央。下面是關於手指感知的有趣事實。

- 從大學生的手指感知能力，可預測其有關數學計算的成績高低。[5]
- 以小學一年級學生的手指感知能力來預測二年級的數學成績，要比數學測驗來得準確。[6]

- 多年來，研究人員注意到很多音樂家對高等數學悟性佳，現在認為，這是因為音樂家有較多機會發展手指感知能力。[7]

神經科學家知道，讓幼兒發展大腦的手指對應區域非常重要，如利用指頭來代表數字或扳指頭計算。儘管如此，很多學校和老師都禁止學生用手指計算，學生也覺得這麼做很幼稚。為了矯正這種偏見，我不斷透過新聞、媒體和期刊文章傳播手指與腦部關聯的新科學。

此外，我目前正和一群跨領域的神經科學家、工程師和教育工作者合作，希望製作出一種小型的機器人設備，幫助幼兒發展手指感知能力。

關於腦部運作的新發現告訴我們，與過去相比，我們需要利用更具體、更多角度且更有創造力的教學方法。

「天才」究竟是什麼樣的人？

關於大腦各區域的互相溝通，科學家已經挖掘出很多有趣的資料，讓我們了解何以有些人能在一些領域出類拔萃。有些人成就極高，在音樂或科學上有了不起的貢獻，這樣的人常被

視為「天才」，如莫札特、瑪麗亞·斯克沃多夫斯卡（居禮夫人）和愛因斯坦。但是根據艾瑞克森、科伊爾等人對各領域卓越人才的研究，這些人的偉大成就其實源於多年致力奉獻與勤奮努力。

艾瑞克森認為莫札特不但具有天分，而且在濃厚的音樂氛圍中長大，加上父親的積極培訓，因此在小小年紀就能有偉大的音樂成就。

艾瑞克森特別指出，莫札特具有所謂的「絕對音準」，這似乎是遺傳天賦的最佳例證，在「一般環境」下，每一萬人才有一個人具有絕對音準。但是從莫札特的成長歷程來看，他的絕對音準似乎是從三歲開始高強度、長時間的音樂訓練培養出來的。[8]

日本心理學家榊原彩子招募了二十四個學生進行了一項研究，看這些孩子是否能藉由訓練發展出「絕對音準」。她請孩子用不同顏色的旗幟代表他們聽到的和弦，直到能正確辨識所有和弦為止。在這項研究中，所有的孩子都能發展出絕對音準。[9] 榊原彩子的研究證明，所謂的「天賦」都能藉由特別的訓練獲得，例如透過多個感官路徑的連結（如視覺與聲音）培養出絕對音準。

愛因斯坦或許是最典型的「天才」。他擁抱錯誤，而且以特別有成效的方式來學習。

在愛因斯坦的名言中，我最喜歡的幾句如下：

- 如果一個人從未犯錯，表示未曾嘗試新的東西。
- 其實，關鍵不在我的聰明才智，而是在我鑽研問題的時間。
- 我沒有任何特別的才能。我只是擁有熾熱的好奇心。機會就藏在難關之中。

從這些話來看，愛因斯坦極有可能具有成長型思維，即使在他在世時，「成長型思維」的概念尚未形成。愛因斯坦談到擁抱挫折、長時間的堅持、好奇、不要怕犯錯，而且拒絕有關才能與天賦的成見。

愛因斯坦會用圖形思考。他常說，他所有的想法都源於圖形，而且一直努力把圖形概念轉化為文字和符號。[10] 由於愛因斯坦對科學有長遠的影響，無怪乎世人皆認為他是「天才」。他沒有今天的工具和技術，但他猜想黑洞會互相環繞，並把時空扭曲成向外擴散的重力波。

一百年後，《國家地理雜誌》描述的「巨大計算能力」才證明愛因斯坦的假設是正確的。儘管愛因斯坦有這麼偉大的成就，這樣的成就並非來自天賦或特別的才能，而是奉獻、孜孜不倦的研究和圖形思考。愛因斯坦對學習與人生皆不設限，這

種態度有助於他研究的一切。

根據二〇一七年五月《國家地理雜誌》刊登的一篇文章〈天才的要素〉（What Makes a Genius?），科學家曾經研究愛因斯坦的大腦切片，想看看他具有哪些特質。二〇一三年，費城的馬特博物館（Mutter Museum）收購了四十六片愛因斯坦的大腦切片樣本，放在館中展覽，以滿足民眾對天才大腦的好奇心。[11] 很多參觀者盯著愛因斯坦的大腦，實在是看不出個所以然來。

哥倫比亞大學教授考夫曼（Scott Barry Kaufman）領導想像力研究所（Imagination Institute）的一個團隊則是研究活人的大腦。他們募集各領域的頂尖好手，觀察這些人的大腦。結果發現，這些人的大腦不同區域之間出現比較多的主動連結，兩個大腦半球之間的交流較多，思考也比較靈活。[12] 腦部各區域的頻繁溝通就是他們大腦的特點，但這種溝通不是與生俱來，而是透過學習發展出來的。

促進大腦溝通和發展的方法

如果數學老師給學生一堆習作，做的幾乎是完全一樣的題目，學生就沒有機會強化大腦，無法增進大腦各區域的溝通。

更好的做法是給學生少少幾個題目（三個或四個），鼓勵他們用不同的方式來思考，例如：

- 你會直接用數字計算嗎？
- 你是否能利用與數字有關的圖形和色彩來解題？
- 你能用故事來描述題目嗎？
- 你能用另一種方式來呈現想法嗎？如草圖、塗鴉、物體或動作？

我和 youcubed 網站的同事威廉斯常用一張正方形的紙來鼓勵學生從多個角度思考問題。我們會把紙這樣摺疊起來：

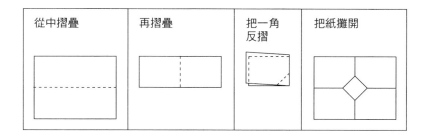

我們鼓勵老師把數學題目放在中央的菱形，利用上下左右四個象限讓學生用不同的方式來思考（如前面列出的四點）。因此，我們已不做上方的除法練習題，而是把 50÷8 放在下面那張紙的中央，讓學生用不同的方式練習。

從舊的除法練習

除法 6-12		名字：		
9)81	11)121	7)21	10)10	10)10
10)50	7)49	10)50	9)27	8)64
10)90	9)63	8)96	7)77	10)90
12)36	11)11	11)11	12)132	6)30
6)54	11)55	12)84	11)55	9)45

改為這種新的練習

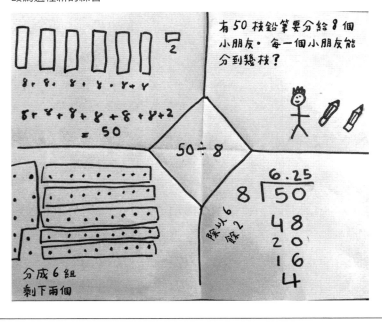

對任何一個領域的學習，從多個角度切入是很重要的。以英文課為例，學生可以透過閱讀和主題分析來研讀像《羅密歐與茱麗葉》這樣的劇本。也可用不同的方式來探討一個主題（比方說家庭）、找一段能呈現該主題的音樂影片、製作一段影片、創作一本圖文書、製作 PPT，或是做雕塑作品。*這種多模式的思維能創造有利於大腦溝通與發展的機會。神經科學家下結論道，靈活的大腦來自大腦多個區域一起同步協同合作。[13] 如果我們能利用多個途徑探求知識，透過不同形式和表現方式來了解概念，腦部各區域就會互相溝通。

　　所有科目的教學也可利用多角度切入法，以促進課堂參與、讓學生有更大的成就感。很多科目的老師（特別是人文學科）會要求學生就閱讀文本提出自己的詮釋，重視不同的觀點，並採取小組討論、辯論或戲劇演出等形式來學習。在大多數情況下，我們皆可從多個角度來學習，但有些科目的教法仍非常死板。就我的經驗來說，最急需改變的，就是數學、科學和語言教學。對這些科目而言，其實從多個角度來切入才是理想的學習方式。

　　例如，我認識一個很有創新精神的外語老師。他要學生站成一圈，然後跟學生說，他們都是某個國家的名人，因此必須

---

* 感謝賈西亞（Antero Garcia）提供這樣的意見。

說該國的語言。被拍肩膀的那個人就得說出該名人的感覺。這是個簡單又很有創意的教學方式,要比閱讀翻譯的文句有意思。學生可透過開口說和解讀別人的想法來學習。

以科學教學而言,我永遠不了解狹隘的教法有什麼好,如列出事實和法則。科學的核心是發現、實驗,可能有多個原因和結果。狹隘的教法只會讓學生討厭科學。我們必須讓學生發現科學的驚奇,就像讓學生為數學感到驚奇,這比要求學生背熱力學定律重要太多了(如果想知道這種定律,只要查書或上網搜尋)。

說到科學,我最欣賞洛思(John Muir Laws)提出的學習方式。洛思熱愛自然,也是位偉大的教育家。他出版的《洛思自然素描與筆記指南》(*The Laws Guide to Nature Drawing and Journaling*)讓我愛不釋手。這似乎是本論述自然的書,但洛思帶我們了解很多科學原理,更重要的是,他利用各種方式帶我們探索自然。

他研究自然的理念也可運用在其他科學領域。他建議我們從蒐集資料來研究事件,觀察類型、例外和一段時間的變化,記錄事件、繪製地圖、剖面圖和圖表。他也告訴我們挖掘資料的種種方法,包括書寫、製圖、錄音、列表、計數、衡量、使用數據工具,甚至可準備一個「好奇工具箱」,裡面裝放大鏡、指南針和望遠鏡。

洛思描述的就是多角度學習科學的方法——學生透過各種表現方式來了解科學，包括數據、類型、地圖、文字和圖表。學生利用這些表現方式時，就能建立神經路徑，允許腦部不同區域互相溝通，創造「卓越人士」那種腦部溝通。

我在教學工作坊和很多老師互動，他們都對我提出的多角度教學反應熱烈。接著，他們會提出這樣的問題：如果我們必須按照教科書來教，要如何進行多角度教學？很多老師說，他們的學區都有指定教科書，教科書作者根本不知道多角度學習的價值。

聽到這樣的問題，我建議老師把一整頁題目刪掉重複的，只留下三、四個最好的題目，然後教學生用不同的方式來解題。這很容易，任何老師都做得到，且不需要尋找新的資源，不管是哪個學科、哪個年級，學生都能用不同方式來學習。老師如果這麼做，常常能更有靈感，想出更有創意的教學方式，也能給學生更大的快樂和成就感，特別是老師發現學生在課堂上更加認真、投入。

我的兩個女兒都在帕羅奧圖（Palo Alto）公立小學就讀。老師給的功課不多——這是件好事，畢竟回家作業不但對學習的幫助有限，甚至可能對學童的身心健康有害。[14] 女兒的數學功課常常是謎題或是像數獨的數學遊戲，偶爾要做習作，都是一些類似題目。每次要做一堆習作題目，她們都垂頭喪氣、淚

眼婆娑。我實在不明白，到了晚上，學生都累了，為什麼老師還要讓他們做這種重複、無聊的題目。如果我累了，我就無法工作，但孩子再累都得完成家庭作業。

我總是支持老師，因為教學是天底下最辛苦的工作，幾乎每個老師都很棒，而且很關心學生。但是，有一晚，我決定表達意見。

那晚九點左右，小女兒還有一張數學習作，上面有四十道題目。她面對這張習作，哭喪著臉。我想，她必然會因為這樣的作業而討厭數學。我跟她說，只要做前五題就好了。然後，我在那張習作寫下我的意見：

> 我要女兒只做前五題，我想從這五題就可知道她是否
> 已經了解這個單元。我說，她用不著做完全部的題
> 目，因為我不希望她認為這就是數學。

其他老師聽我述說我寫的意見都哈哈大笑，也許他們慶幸自己不是我女兒的老師。

好消息是這個事件圓滿落幕。四年級的老師跟我聊過之後，了解腦科學和多角度學習法。現在，她不再給學生做一大堆類似的題目，只給學生四個題目，並要求學生用不同的方式來解題 —— 例如用數字計算、用故事來描述題目，以及用圖形

來解題。我女兒從此不需要做那些無聊、重複的作業。到了寫功課的時候，不再擺出一張苦瓜臉，高高興興的寫故事、畫畫。不管是說故事或是畫畫都能促進大腦不同區域的溝通，讓她有機會深入了解學習內容。

多角度學習法不但能促進大腦溝通，同時能讓學習內容更活生生。大多數學生認為數學只是一堆數字和算法，而英文只是書本和文字。

如果我們學習數學、英文、科學或其他科目，都把學習當成發揮創造力的機會，能用不同角度來看事情，就能改變一切，刺激重要的大腦成長與神經連結。此外，如果教師能使課程的學習多元化，不再只是要學生做一堆算術題目、閱讀課文或背誦科學定理，而是用圖像、模型、文字、影片、音樂、數據或繪畫來引導學生，課堂學習就不再一成不變，而是變得多采多姿，引人入勝，充滿創造力。

我利用一個七個點的圖案來說明如何用多種不同的方式來學習。我讓人看一眼這張圖，隨即把圖收起來，請他們告訴我上面有幾個點。我提醒說，不要一個一個數，要透過分組來計數。然後，我詢問他們分組的方式。

最近，我在教室裡請一群中學女生回答這個問題。她們竟然發現二十四種分組方式！她們簡直欲罷不能，還想繼續下去，由於已接近午餐時間，我們不得不結束。這就是她們將七個點分組得出的二十四種圖形。

我要學生這麼做，是為了說明數學中的創造力以及我們可用很多不同的角度來看數學 —— 即使只有七個點！我也和學生一起做這樣的練習，因為這麼做可以增進概數感，也就是基本數學概數能力。我們的大腦有個區域和這種能力有關，也就是概數系統（approximate number system，簡稱 ANS）。這種能力使我們只要快速一瞥，就能馬上估計出大概的數量。研究發現，從學生的概數感可正確預測未來的數學成就。[15]

我們可以用有創意、多角度的方式來學習任何領域。例如，給學生看《梅崗城故事》的一個場景、一張細胞剖面圖、一起新聞事件或一樁歷史事件，然後問學生：你看到什麼？你如何解讀？不論何時，我們都可用這種方式激發視覺思考，鼓勵學生想出不同的想法。

如果老師也運用多角度學習法

中央谷地是縱貫加州中部的平原，這個地區不像北邊的舊金山和南邊的洛杉磯那麼有名。我第一次從灣區的史丹佛，開了三百二十公里路，到東南內陸的土拉爾（Tulare）時，發現道路兩旁的房子和商店逐漸消失，最後變成一望無際的玉米田，就知道已經到了中央谷地。

中央谷地是農業區，師資不足，很多學生來自貧困家庭，學習成就低落。土拉爾郡的教育領導人認為當地教師欠缺專業發展的機會，教育經費困窘。一年多前，該郡的數學教練菲德斯坦（Shelah Feldstein）來史丹佛拜訪我。她說，她想要讓土拉爾郡幾個學區的五年級數學老師上我的線上課程「如何學習數學」，而且計劃爭取經費，讓那些老師分組上課，並一起討論新的學習理念。

在接下來的一年，發生了許多令人驚奇的事，我都寫在研究報告裡。[16] 特別教我欣慰的是，該郡老師改變了面對數學的心態。與各年級相比，五年級學童的數學成就是最低的，能達到「精熟」標準的學生不到 8%。進修一年結束後，有些老師在接受訪談時表示，他們以前會害怕教數學，總是快速帶過學習單元。但在學習有關思維方式、大腦成長以及用各個角度來面對問題之後，他們終於發現數學樂趣無窮，甚至常跟其他老

師討論到晚上七點，研究如何用圖形來解題。

　　吉姆就是參加進修的五年級老師，他在接受訪談時描述他帶學生利用摺紙來思考題目的經過。他說，他沒想到學生竟然會想到摺紙與指數的關係，因此大為驚喜。

> 學生開始用正方形的紙摺疊、再摺疊，再把一角反摺……結果，他們從摺紙的過程發現指數增長：他們把一張紙對摺，變成兩張（2^1），再對摺，就變成四張（2^2）……每次摺疊，次方數都會加 1。我們一直在做十進制的題目（底數為 10，以 10 為基礎的數字系統，所有的數值都是 0 到 9 的組成），現在他們竟然自己發現了 2 的指數（2^n，底數為 2）。對我而言，這也是一大發現。

　　那些五年級老師歷經不可思議的變化。他們開始把數學題目看成是用創意解決問題的機會。由於他們了解了本書前幾章介紹的腦科學，因此能有這樣的心態轉變。在上線上課程之前，很多老師都抱持固定型思維，認為自己無法提出不同的想法。一旦破除這樣的迷思，就得到解放，能用不同心態面對數學及其他科目。

　　有一位老師提到我們的線上課程如何改變了她：

我想，這對孩子會很有幫助。我從未想過我會因此改變。對我而言，這才是最了不起的啟示。

不只老師本身改變了，他們把這樣的想法傳遞給學生，也改變了學生。學生從此改變了自己對潛能和學習的信念，用不同的角度來看學數學這件事。如一位老師所述：

孩子非常興奮，說道：「天啊，他竟然那麼做？挫折真的是好事嗎？我們能用不同方式來思考嗎？」

如果學生問：「我們能用不同方式來思考嗎？」或是說「挫折真的是好事嗎？」顯示長久以來他們一直在學習上受到束縛。如果認為挫折是不好的，或是害怕自己的想法與眾不同，那就太悲哀了。然而，有幾百萬個學生都這麼想，尤其是關於數學。如果孩子能改變對挫折的想法，學習用不同角度來看數學，就能增加自信。老師很容易發現這點，如米格爾在接受訪談時所述：

我想告訴你，這個線上課程非常有意義。孩子現在能用積極的態度來學習，跟從前有如天壤之別。我第一次看到他們擁有這樣的自信。

學生如能改變思維和學習方式、接受挫折，也就能用不同的角度來看數學，獲得很大的好處。儘管州數學測驗的考題很死板，參加我們線上課程的老師帶的班級數學成績仍比其他班級高出很多。那些學生因為老師改變教學方式而得到好處，很多女生、語言學習者和來自弱勢家庭的學生皆突飛猛進，[17] 就連本來數學及其他學科皆表現不佳者也大有進步。

我們線上課程提供的新知識讓很多老師感動，包括梅達克斯（Jean Maddox）。她花了一年時間傳播新理念給學生，讓他們知道，他們永遠可以成長，並學習任何東西，拒絕固定潛能的想法。梅達克斯說，視覺思考法很重要，讓她自己得以用不同的門路學習數學，也改變了她的教學方式。她說：

> 剛踏上這條學習之路時，我總是在鑽研算法──算法就是我的安全網。現在我會想：「好吧，我要怎麼畫出來？我要如何用視覺來看這個問題？」現在，我了解算法是怎麼運作的，因為我已在腦海裡建構出無比清晰的圖形。以分數的單元來說，孩子會說：「噢，我知道為什麼是這樣了。」因為他們也會運用圖形思考。有的孩子會豁然開朗，驚嘆道：「哇，天啊！」這些孩子一直以為數學就是要背，背公式、定理，現在他們不靠死背，真的了解數學有趣的地方。

這些老師經歷的改變說明不設限的兩個雙重特質 —— 不但涉及思維方式以及你對自己看法的改變，而且願意從多個角度來面對學習內容和人生。

我給那些五年級老師的建議是，放棄那些學生不假思索就能回答的問題，要學生自己摸索出解答。其中一位老師說：

> 前幾天，我在黑板上寫：「答案是 17，有多少種題目能得到這個答案？」我想，學生可能會說「1 加 16」，但他們甚至利用運算次序*設計出非常複雜的題目，教我刮目相看。

有個老師在推特上提到，她也在高中幾何課程運用這樣的理念。她先把答案寫在黑板上，要學生利用他們會的幾何方法來得到答案。她說，學生想出非常有創造力的方式來解題，讓她相當驚訝。這個過程有助於接下來的討論，也創造了大腦連結的機會。

另一個五年級老師說，她現在會給學生看圖形，然後問學生：「好，你看到什麼？你沒看到什麼？你可能看到什麼？接下來會出現什麼？」

---

* 譯注：運算次序：如先乘除後加減，有括號的先處理括號。

這些做法其實很簡單，但是能夠開啟多條學習路徑，鼓勵學生用種種不同於平常的角度來思考。改變教法的這些老師上課不再照本宣科，自由採用不同的點子來做實驗，也請學生多方面嘗試。我們現在知道，多角度教學能增進學生的大腦連結，幫助學生發展成卓越、有創新精神的人。

其他老師也有類似經驗。荷莉・康普頓（Holly Compton）還記得自己小學一年級上數學課時，課本上有一頁習作是多位數加減法。她簡直嚇壞了。她認為自己沒有「數學腦袋」，不會做這麼難的題目（她母親也這麼想）。不知過了幾年，數學課一直是讓她最頭痛的科目，也接受補救教學。荷莉會討厭數學，就從小學一年級的一頁數學習作開始。她就此斷定自己數學不行。

很不幸，數學是最會打擊學生信心的一門學科。這是因為我們的數學教學和學習觀念錯誤，正如荷莉小學一年級的經驗。另一個原因是，我們的社會斷定數學好的人是聰明人，而數學不好的人則是笨蛋。因此，很多像荷莉的人都因為數學而有痛苦的學習經驗。遺憾的是，像荷莉這樣的經驗並不少見。荷莉描述數學不好對她一生的影響：

> 數學不好，就像愁雲慘霧籠罩著我。我的人生因此深受缺乏信心所影響。

幸好，荷莉學到有關自我的新理念，了解自己的學習潛能，因而得以掙脫束縛，改變人生。荷莉的轉捩點在於看出數學的多個解法——亦即利用多角度學習來突破種種限制。正如荷莉在接受訪談時說的：

> 現在，在我眼裡，數學變成最有創意的一門學科，因為你可以不斷拆解、組合，即使是「13 加 12」，你都能滔滔不絕講個一小時！

荷莉自學數學，也受到學生思考方式的鼓舞。她看到學生用不同方式來做數學，知道這個學科已有了轉變，和她自己當學生那個年代完全不同。她開始實驗、設計數學遊戲，學生的數學成績也有了進步。幾年經驗下來，她甚至成為學區裡的數學教練——對一個曾經恐懼數學的人而言，這真是一大成就。荷莉說，她現在一直在灌輸學生成長型思維，讓學生從多角度來解題，她也告訴學生，她希望他們都能體會「困而知之」的快樂。

除了教學方式的改變，荷莉發現自己與人互動的心態也有了轉變。過去，她開會時，總是擔心她不知道一些自己該知道的事，覺得自己應該是專家。掙脫束縛之後，她就比較不會害怕開會，也願意冒險：

我不再害怕承認自己的無知。我會跟其他老師說：
「我卡住了。你能跟我一起解決這個問題嗎？」

以開放的心胸面對挑戰和不確定性似乎是掙脫束縛的共同反應——你開始以面對的眼光來看挫折，知道這並不代表你腦袋不好，而是大腦成長的契機。於是，你在碰到困難時能生出更多的自信，願意與他人分享你的想法，即使你不知道自己想得對不對。關於固定型思維最明顯、也最可悲的一點，就是害怕出錯。你的心靈被恐懼綑綁、不能動彈。如果你能從多角度切入問題、重視成長、了解挫折的價值，就能覺得自由自在。荷莉說：「因為我的心靈已被釋放，因此現在靈感泉湧，有好多點子。」

用多角度的方式來工作和生活，另一個核心好處是，一旦碰到障礙，你知道你還有另一條路可走。很多為了本書接受訪談的人說道，如果面臨挑戰或障礙，他們不再停下來，會尋找另一個策略、另一個方式。以多角度的方式來學習，你知道做任何事不會只有一條路，你可利用其他路徑繼續向前。

荷莉現在覺得她的思考無拘無束，這點非常重要。如果我們能掌握學習金鑰，就能有這種脫胎換骨的感覺。不管是在工作、教育或其他領域做研究，了解傳統固定大腦思維的限制，釋放學習的能力並得到成長，人生都能有所改變。這種心態轉

變能使人更有自信、韌力，對工作和社會關係也會更滿意。

荷莉說，她的人際關係變好了，她不再懷疑自己，也不再陷入沮喪。她沒想到她以不同眼光、用不同心態面對數學，就有這種神奇的轉變。

對荷莉來說，她能掙脫束縛主要是能用不同角度來看數學，尊重每一個人的想法及看事情的方式。如果你能敞開心靈來看自己和別人，了解人人都有無限潛能，同時讓內容開放，看能否用不同的方式來處理，更能增強效應。多角度學習就是成長型思維最完美的互補，兩者相輔相成。

由於我們的數學訓練營採用多角度學習的模式，因此非常成功，儘管訓練期間才十八天，學生平均數學成績提高了50%，相當於二‧八年的學習。一年後，我們訪談參加訓練營的學生。有些學生告訴我們，他們回去上課後，老師要求他們做習作。他們回家後則和父母一起運用圖形思考來解題。有一個女生說，數學課現在一點也不有趣，因為她必須按照「老師的方法」來解題，不能用自己的方式來思考。聽她這麼說，我覺得很難過。我知道學生現在已經了解有多種思考路徑，不光是老師的，即使她不能用自己的方式來解題，她知道多角度思考的重要性。儘管她很沮喪，但她的思維方式是正確的，知道還有其他解題方式。

很多學生在課堂上拿到題目時，根本不知從何處下手──

對自己和學習因而出現負面思想。如果把題目改成「低地板、高天花板」，也就是讓每個人都覺得容易入手，也有很大的發展空間，能透過更難的挑戰達到更高成就，就能讓人人樂於踏上學習之路，而有不同的成果。

我們在數學訓練營就是這麼做，重視不同的解題方式，了解每個人會用不同的角度來看問題，運用不同的策略和方法。我們也鼓勵學生積極參與討論，分享自己看問題和解題的方式。我們帶領學生談論、比較這些方式。因此，每個學生都能好好學習，而且收穫良多。他們看得出來自己正在學習，所以有動機繼續下去。我們讓學生一看到題目就知道怎麼下手，也告訴他們解答方式有很多種，鼓勵他們去探索。然而，不管是在教室、家裡或是辦公室，常缺乏這種成長型思維及多角度切入的方式。

如果學生在學校一天到晚考試、為成績糾結，就很難掙脫束縛、自由學習。考試和成績還會不斷傳送固定大腦的訊息，強化貼在學生身上的標籤，告訴他們，自己是「優等生」或「劣等生」。[18] 接受我訪談的老師和一般老師不同，他們了解學生必須自由學習，了解自己有無限潛能，而且只有透過能促進成長與學習的教學及評量方式，才能傳遞有關大腦和思維方式的正確觀念。

我在大學部上課，就用多角度的方式來教數學。我和學生

一起用十個星期的時間看如何用圖像、實體、數學和演算法來思考數學問題 —— 這些方式都能創造強大的大腦連結。下面是一個學生的匿名評論：

> 過去，我一直以為數學只是課本上的東西。自從上了這門課，我發現數學問題變成立體的。我房間的牆、姓名掛牌的背面、非 STEM 課程用的筆記本 —— 正方形、圖表全都聚集在我大腦的計算區域，使我興奮莫名。過去，我只知道一種面向、一種解法。如今，我腦中的數學區域已有爆炸性的擴展。

其他學生也用種種方式來描述他們看到的數學，展現創造力。而他們所學習到的腦科學知識和思維方式幫助他們培養韌力、改變自己的生活，也對他們在史丹佛修習的其他課程大有幫助。

如果了解挫折的好處，知道從不同角度學習的優點，你的一生可能因此改變。中學數學教師馬克・裴崔（Marc Petrie）就是很好的例子。馬克已經六十幾歲，年幼時因為不幸事故而殘障，永遠無法復原，還得接受特殊教育，但他母親拒絕接受這樣的命運。他母親為了發展他的肢體協調能力，把豆袋（裝有保麗龍粒子的袋子）丟給他，要他接住。馬克長大一點之

後，開始學溜冰，不斷跌倒，再爬起來。他說，這些挫折的訓練讓他培養出成長型思維，如果沒有這樣的思維，他將一事無成。馬克讀了我以前寫的有關挫折的文章，馬上了悟到自己的人生正是無數挫折塑造出來的。

馬克很小就培養出成長型思維，但直到幾年前的某個夏天，他帶一群八年級學生來參加我們的數學工作坊，他才知道如何傳遞這樣的思維。以前，他總是照著課本教，但從工作坊回到他在聖塔安娜（Santa Ana）任教的學校之後，他改變了教學方式。

現在，每週一早上一開始上課，他會先播放一段影片給學生看，影片裡的人物都是具有成長型思維的範例。他在接受我們訪談那天，給學生看的影片是關於一個十五歲少年獨創胰臟癌檢測法的故事。*馬克播放的影片來自各個網站，以凸顯思維方式的影響。每個星期三，馬克則會在數學課上找出「最棒的錯誤」，讓學生分析解題的過程及錯在哪裡。星期五，學生則用數學來創造美術作品。除了這些活動，馬克也從多個角度

---

* 譯注：這個少年名叫傑克‧安德拉卡（Jack Andraka）。在他十三歲那年，他叔叔因胰臟癌過世，他因而立志投入胰臟癌的檢測研究，希望找到一個快速、廉價的檢測法。後來，他發現人體血液或尿液中的間皮素就是胰臟癌的生物標誌物。他研發出來的試紙不只能檢測胰臟癌，還能檢測卵巢癌和肺癌。

來進行教學，鼓勵學生用漫畫來表現數學觀念或是給學生看圖案或物品，然後問學生看到了什麼。他告訴我，不管是在數學課或美術課，都會給學生看圖像及繪畫作品，請學生描述自己所見。他也請學生用圖形做拼布被，研究偉大藝術家的作品，觀察畫作中的對稱性。

在馬克改變教學方式之前，他的學生達成學區設定的「精熟」標準的只有 6%。他改變學生思維，採取多角度教學之後，成功率提升到 70%。由於馬克教學方式多采多姿而且創意十足，透過藝術、電影等來啟發學生，我問他，如果只利用教科書，是否能有這樣的成效。他解釋說，如果學生只花二十五分鐘到三十分鐘——不超過三十分鐘——學習課本上的東西，利用剩下來的五十五分鐘學習其他東西，成效較大。在我看來，這完全合理。

馬克不只教數學運用成長型思維，對人生也採取這樣的思維方式。幾年前他太太得了癌症，接受了五次手術和長達十八個月的化療。儘管如此，她還是繼續擔任律師。馬克必須堅強，因為他不但要照顧太太、正值青春期的兒子，而且必須教書。馬克說，他得成為最樂觀、積極的人。現在他兒子已經上大學，太太也康復了，每個星期六他和太太都會為遊民收容所的人烘烤餅乾。他太太也為接受化療的女病友編織帽子。馬克的思維方式就像我訪談過的那些掙脫束縛的人。他們用積極、

正面的心態面對痛苦和不幸。他說，猶太教有一種觀念叫作 *tikkun olam*，也就是「修復這個世界」。他認為這種觀念與成長型思維有關。馬克說：「對我而言，那就是：『我為什麼在這個星球上？我為什麼在這裡？我為什麼在這間教室？』這必然是有理由的。」

即使處於逆境，馬克積極面對人生的態度令人鼓舞。他改變教學方法，讓學生成績突飛猛進，其他老師也受到他的影響。六、七年級的老師看到馬克教八年級的成效，也取法他的理念，自己學生的學習成就也提高了。

任何人都能以多角度切入的方式學習任何科目。讀者可從本書的附錄 I 了解如何用圖形思考來解決數學問題。學生如果在教室裡無法利用多角度學習法，就能自己用這種方式來學習。我曾和來史丹佛參加數學夏令營的八十三個學生談過，一年後，我們追蹤調查這些學生的情況。有個男生告訴我們，他現在比較了解體積了，因為他總是想到我們在夏令營用立方體的方糖排成各種形狀。雖然這些學生無法繼續利用視覺、實體等方法在學校研究數學問題，幸好參加夏令營的那十八天教他們使用多角度學習法，讓他們運用在自己的生活上。

接受我訪談的老師麗亞‧哈沃斯談到學生的改變。她說，她不再教學生用橫格練習本做題目，而是教他們用空白筆記本，把想法畫出來，利用圖形來思考。給學生一個可以思考、

探索的空間，也符合多角度學習的原則。

幾年前，我在這裡的一所學校進行為期一週的啟發數學課程。其實，我們也在 youcubed 網站免費提供視覺和創意的數學教材給幼兒園到十二年級的學生。有一天，上完課後，我在學校走廊，一個女生的媽媽跑到我面前。她問我，過去幾天，我們在數學課上了什麼。她說，她女兒一直很討厭數學，數學很不好，現在居然愛上數學！數學甚至讓她對未來充滿希望。真高興聽到這樣的消息。孩子改變思維，知道自己具有無限潛能，也願意敞開心靈，採取新的方式，學習路徑也改變了。

本書介紹的前三把學習金鑰，是為了幫助你了解成長與挑戰的價值，以釋放學習潛能。儘管如此，如果缺乏刺激腦部成長的東西，也許有人會認為這樣的訊息沒有助益。當成長型思維碰到固定大腦世界的重重限制，就會失去改變的潛能。我們現在知道，解決之道就是多角度學習法 —— 也就是第四把學習金鑰。如果我們能從各種不同的角度來看問題、主題或是這個世界，掙脫能力的束縛，就能有成效的學習與成長。成長型思維加上多角度學習的機會，能使任何年齡層的人擺脫恐懼、克服障礙，用全新觀點來看問題，對自己的能力更有信心。即使身在僵化、固定、不重視多元思考的系統中 —— 無論是在考試主導課程的學校或是觀點狹隘的職場 —— 如果能從多個角度來看問題，就能提升學習與生活的各個層面。

第
5
章

數學重靈活，不必拚速度

偏差的想法、不對的方法和錯誤的假設，都會限制學習潛能。好消息是，現在我們已有科學證據及大量經過驗證的對照研究，讓學習和潛能得以解脫束縛。我們已討論過兩大迷思──也就是「大腦是固定不變的」，而「挫折和掙扎代表能力不足」。如果我們能揚棄這些錯誤觀念，就能有深刻的改變，想出種種做法。

　　本章將探討另一個有害的迷思，並告訴你如何拋開這樣的迷思。很多人認為，數學或任何學科要好，思考速度必須夠快。如果學習時不要在意速度，重視思考的深度和靈活，這樣的學習才能有所突破。前一章提到一些了不起的開拓者，[1]他們具有創新、靈活的思維。如果我們能用新的角度來探求知識，就能擁有這樣的思維。

學習金鑰 #5

思考速度並不是衡量才能的標準
如果我們能以創造力和靈活
來面對想法和人生
就能有最大的學習成效

一般人都認為某個學科要好，思考速度一定要快，尤其是數學。這其實是謬誤。這種迷思源於學校的一些做法，例如有時間限制的數學測驗。通常孩子才五歲大，就已經開始接受這樣的測驗。有的家長還會用卡片來訓練孩子快速答題的能力。大多數人認為「答題速度快」等於「數學好」，要是答題速度慢，恐怕不是學數學的料。我曾在演講時要求聽眾做以下這張數學習作：

乘以 12　　　　　　　　　　　　姓名：＿＿＿＿＿＿＿＿＿＿

2 ×12	12 ×12	6 ×12	7 ×12	6 ×12	12 ×12	4 ×12	8 ×12	2 ×12	5 ×12	12 ×12	4 ×12
9 ×12	4 ×12	12 ×12	2 ×12	3 ×12	3 ×12	6 ×12	4 ×12	11 ×12	6 ×12	7 ×12	2 ×12
1 ×12	8 ×12	5 ×12	12 ×12	9 ×12	7 ×12	11 ×12	6 ×12	2 ×12	2 ×12	7 ×12	12 ×12
7 ×12	5 ×12	1 ×12	12 ×12	8 ×12	6 ×12	8 ×12	3 ×12	0 ×12	6 ×12	4 ×12	2 ×12
5 ×12	12 ×12	4 ×12	2 ×12	6 ×12	11 ×12	4 ×12	9 ×12	3 ×12	8 ×12	3 ×12	2 ×12
6 ×12	4 ×12	12 ×12	12 ×12	12 ×12	0 ×12	9 ×12	4 ×12	8 ×12	5 ×12	2 ×12	7 ×12
5 ×12	1 ×12	8 ×12	12 ×12	7 ×12	4 ×12	12 ×12	5 ×12	9 ×12	1 ×12	3 ×12	7 ×12
8 ×12	9 ×12	5 ×12	5 ×12	6 ×12	11 ×12	7 ×12	3 ×12	6 ×12	5 ×12	8 ×12	5 ×12

目標：＿＿＿＿＿＿＿＿＿＿　　　　　答對的題數：＿＿＿＿＿＿＿＿＿＿

儘管少數幾個人說，這種測驗挺好玩的，大多數的聽眾都唉聲嘆氣。我們已知幼兒的數學焦慮源於這種數學計時測驗。最新的腦科學研究幫助我們了解為什麼會如此。

壓力與焦慮的影響

　　腦神經學家貝洛克（Sian Beilock）研究人在壓力下工作的大腦反應。我們在計算時會運用到大腦一個叫作「工作記憶」（working memory）的區域。這個區域的功能有如我們的「心靈搜尋引擎」。工作記憶也能透過練習來發展、強化。貝洛克指出，如果我們陷入沮喪或受到壓力，工作記憶就會受到阻礙。[2] 原本工作記憶最強的學生最容易受到影響。這意味著這些學生在接受數學計時測驗時很焦慮，工作記憶的功能受阻，無法計算答案。一旦開始焦慮，有害信念便接踵而至。

　　你該知道壓力阻礙大腦的感覺。你是否曾在壓力之下做計算題，突然覺得腦子「一片空白」？這就是壓力阻礙工作記憶的感覺。我們給幼兒做計時測驗時，很多孩子都覺得有壓力，他們的工作記憶受到影響，想不起來該怎麼算。一旦孩子發現自己做不到，就會焦慮。

　　我在史丹佛大學部教了很多年。每年，我發覺總有一部分

學生對數學感到焦慮和恐懼。我總會問這些為數學所苦的學生他們到底是怎麼了，何時開始害怕數學。每個學生的回答大同小異 —— 他們回想起在小學二、三年級時考數學的情景。有些學生因為考不好而焦慮，而且這樣的考試讓他們感覺數學只是背公式計算，從此開始討厭數學。

裘蒂‧康皮聶里老師（Jodi Campinelli）描述自己在兒時歷經考試的種種折磨。她說，小學二年級結束時，老師告訴她，說她計時測驗成績很糟，也許會被留級。沒想到更恐怖的還在後頭。老師說，她必須接受校長的課業輔導。裘蒂說，那簡直是「酷刑」。此外，她父母每晚都拿著計時器要她在廚房做題目。

想到一個二年級小朋友要活在這樣的壓力之下，我就心痛如絞。師長讓裘蒂認為數學成績代表她的智力、她的價值，甚至還告訴她，她根本不行。裘蒂常常無法在限定時間內做完父母給她的題目，即使做完，還是有很多錯誤。後來，她媽媽跟她說，算了吧，她自己數學也不好。裘蒂說，直到今天，她聽到廚房計時器的聲音，就會抓狂。她會這麼說，我一點也不感到驚訝。[3]

裘蒂才小學二年級，就接收了很多負面訊息。即使她媽媽安慰她說，沒關係，她自己數學也不好，這麼說並沒有幫助。根據貝洛克的研究，這種訊息反倒會帶來傷害。貝洛克及研究

同仁發現，從父母表現出來的數學焦慮可以預測孩子在學校的數學學習成就。[4] 父母會數學與否並不重要，重要的是他們是否有數學焦慮的問題。如果父母幫孩子完成家庭作業，他們的數學焦慮就會對孩子產生負面影響。儘管父母有數學焦慮，但不會幫孩子做家庭作業，讓孩子獨力完成，他們的數學焦慮就不會影響到孩子。如果幫孩子做家庭作業，或許會讓孩子覺得數學很難或是自己數學不好，更糟的是在廚房擺計時器，要孩子在限定時間內做完題目。

貝洛克及其研究團隊還發現，從小學女老師的數學焦慮可預測班上女生（而非男生）的數學成就。[5] 我猜測可能是因為女老師對學生說：「我以前數學不好，」或是說：「我們趕快結束這個單元，才能上閱讀課。」女生受到的影響比男生來得大，因為她們比較會認同同性別的教師。上述兩個研究顯示，關於數學，師長傳遞的訊息可能降低學生的學習成就。這樣的結果再次凸顯「信念」與「學習成就」之間的關係。

幸好，後來裘蒂的學習情況漸入佳境。她了解欲速則不達的道理，現在她已是一名中學數學老師。裘蒂告訴學生，慢慢想，提升思考深度才是最重要的。裘蒂長大之後，知道她的價值不是用廚房計時器可衡量出來的。她破解了速度的迷思與束縛，得以自由自在的發展自我潛能──對她而言，這就是最重要的學習關鍵。

關於學習速度的神經科學

其實，數學並非一門講求速度的科目。諷刺的是，學校重視解題速度，如果學生解題速度不夠快或有解題壓力，就認為自己未來與數學或科學無緣。其實，有些偉大的數學家對數字反應不夠快，處理數學問題也很慢。他們之所以慢，是因為他們的思考細緻而深入。

近年來，有些全世界最偉大的數學家，包括榮獲菲爾茲獎的史瓦茲（Laurent Schwartz）[6] 和米爾札哈尼 [7] 都曾公開表示自己是思考慢的人。史瓦茲在獲得菲爾茲獎後，出版了一部自傳，提到他在求學時代由於反應很慢而覺得自己很笨。他說：

> 我總是懷疑自己的智力，覺得自己不夠聰明。我小時候不聰明，現在還是一樣。我的思考很慢，得花很多時間才能完全了解、掌握一些概念。十一年級結束時，我暗自認為自己是個笨蛋。我一直很擔心這點。現在，光是一個問題，我還是得琢磨個半天……升上十二年級之前，我衡量情況，得到一個結論：速度和智能沒有一定的關係。重要的是，是否能深入了解事物及事物之間的關係。這才是聰明才智。反應快慢其實沒那麼重要。[8]

我在學生時代反應很快，但老師反而生我的氣。記得十年級數學老師在開始上課時會先在黑板上寫下八十個題目。老師一邊寫，我一邊飛快解題，等她寫完，放下粉筆，轉過頭來面對我們時，我已經做完所有題目，把試卷交給她。看我做這麼快，她總是擺出一張臭臉。

有一次，她對我說，我做這麼快，完全是為了跟她作對（我實在不明白為什麼她會這麼想）。接著，她仔細看我的解答，希望抓到我的錯誤。但我不記得我曾出錯。如果過去的我有今天的知識，我希望告訴她，我能做這麼快，是因為那些題目用不著複雜、深入的思考 —— 雖然這麼說或許也不會有什麼好的結果。

那時，我題目做得飛快，因為我以為速度是最重要的。在古老的學校系統，好幾百萬的學生都認為「學習成就」與「速度」息息相關。幾十年後的今天，我才知道不能只重視速度，該用不同的方法來學習。我不再追求解題速度。對我而言，深入、有創意的思考才是最重要的。這樣的變化對我有很大的幫助。現在，不只是數學思考，科學或科技文章及研究工作也能讓我獲益良多。學習方式的改變引燃我對學習的熱情，因而能幫助別人破解迷思，追求理解、創造力與連結。

多吉醫師說道，如果一個人學得快，或許能強化已有的神經連結，但這種連結「來得容易，去得也快」。[9] 這就是為何

考試前一天臨時抱佛腳，在短時間內硬塞很多新東西到腦子裡，但一考完也差不多忘光了。比較永久的大腦變化來自大腦新結構的形成——包括神經連結與突觸的萌生。這個過程終究需要時間。

多吉醫師提到一個關於點字學習的研究。研究人員發現，較快的大腦發展會立即開始，但是更慢、更深、更永久的發展則需要比較長的時間，而後者的學習效果才能持續到幾個月之後。多吉醫師建議，如果身為學習者的你感覺自己的心靈像個篩子，沒能學到東西，你還是得繼續下去，時間久了，必然能增進學習的深度和效果。「烏龜」學習一種技能似乎需要比較長的時間，不像「兔子」學得那麼快，但兔子如果不持續練習、鞏固學習成果，已學會的東西還是會忘記。[10]

有些人學得快、有些人學得慢，老師常認為這是因為學生有不同的潛能。其實學習速率涉及到不同的大腦活動，慢而深的思考更加重要。美國的學校傾向快而淺的學習，並透過測驗來衡量學習成就，能快速記憶的學生就能拿到好成績。不過研究顯示，長遠來看，在學習過程經過較多困難的考驗、學得較慢的學生往往能取得最大的成就。

強調學習速度會帶來的傷害之一是，學得慢的人會跟學得快的人比較，認為自己能力不足。在全國各地的學校和大學，學得慢的學生常會自暴自棄。國際文憑學校數學部主任南希‧

庫謝爾（Nancy Qushair）提到，有個學生看別人學數學學得快，因為自己學得慢，就放棄了。米莉開始上南希的數學課時，說自己「很笨」，而且討厭數學。她曾寫一封信給南希：

> 我看了一下坐我旁邊的同學。我才做一、兩題，他們
> 已經做完所有題目了。我總是和他們比較，心想：
> 「他們好快！我永遠做不到。」

其實，米莉並不孤單，有很多學生都有這種感覺。我們現在已經知道，這種感覺會妨礙大腦的功能。因此，南希決定設法改變米莉的學習軌跡。她請米莉不要管別人，把焦點放在自己身上，為自己設定可行的目標，給自己一、兩個星期的時間去達成。

米莉說，她終於想要好好搞懂整數。

「好，」南希說：「這個學年還有幾個月，我們的目標不是搞懂所有的東西，只要了解整數就好了。從現在起，我們一起努力吧。」

南希給米莉看許多圖像，包括數線、溫度計、Prada 皮包等，要她用數學的角度來思考。南希想出種種激發學生創造力的方法。到了學年結束時，米莉完全變了一個人。她又寫了封信給南希：

庫謝爾老師，

謝謝你。你真是一位很棒的老師。你不只是個偉大的人，更是一位真正的好老師。儘管一開始我看了影片，知道每個人都能學好數學，但我還是認為我沒有數學腦袋，不能學好數學。

當時，我不了解，如果我抱持這樣的想法，永遠也無法進步。你不只教我數學，也教我如何看事情及怎麼自己學數學。我們開始做圖形思考時，你告訴我們，為什麼我們這麼做，而不是只教我們怎麼做，我開始掌握到學數學的訣竅。我知道，一旦我有收穫，就必須繼續下去。你真是幫我好多。跟你學了將近一年，我覺得自己長大很多。我真的沒想到自己能有這樣的進步。你總是跟我說：「米莉，試試看吧。」我以前會這麼想：「我可以試，但我不想做。不管如何，做了也是白做。」我現在才知道自己錯得有多離譜。你相信我做得到，這一整年不斷的幫助我。我實在好想跟你說聲謝謝。

米莉在信中提到的一點很有啟發性。她說，南希相信她，一直給她正面的訊息。但她還說：「我們開始做圖形思考時，你告訴我們，為什麼我們這麼做，而不是只教我們怎麼做，我

開始掌握到學數學的訣竅。我知道，一旦我有收穫，就必須繼續下去。」由此可見，米莉已經了解我在上一章談到的學習的核心 —— 光是和學生分享正面的訊息還不夠，還需要讓他們了解成功以及有成功經驗。

於是，我們又回到多角度學習法。這是一個開放性的過程，鼓勵學生提出他們的創意，而視覺思考能幫助學生了解數學觀念。這個方法要比淺薄的死記硬背來得有用。然而，即使我們知道好的記憶力並不代表具有數學潛能，有很多領域的學習依然強調記憶。[11] 擅長記憶的人認為他們只要把老師教的方法背起來，即使不甚了解，也能拿到好成績。我看過很多數學好的學生感嘆道，自己其實不是很了解修過的一些課，其中有些人甚至是名校數學系的學生。如果只重視記憶，而忽視深度理解，擅長深度思考的人會認為自己不適合學習那門學科。至於擅長記憶的人，也會因為沒有機會進行深度思考而得不到更好的發展。

南希教學生如何利用圖像思考，讓學生了解「為什麼要這麼做，而不是只教學生怎麼做」，米莉終於嘗到了開竅的滋味。一旦她有這樣的經驗，就會繼續努力，拋開永遠學不好數學的迷思。

南希不只讓自己班上的學生和其他班的學生開心學數學，也看到原本自暴自棄的學生努力轉變。她給米莉一些回家作

業，好幫助米莉從不同的角度看數學。有一次考試，她甚至坐在米莉旁邊，教她如何用圖形思考來解題。米莉在接受南希的教導之前，數學成績不是 D 就是 F，跟南希上了一年的數學課之後，她已進步到 B。更重要的是，她能了解數學觀念，不再認為自己數學永遠不行。

現在，南希在學校與所有的老師分享我在本書、《幫孩子找到自信的成長型數學思維》，以及我們線上課程提出的理念。南希思及整個學校的轉變，說道：

> 我從來沒想過，有一天能看到一群老師熱愛教數學，
> 也熱中於教導孩子。我等不及看到這些孩子的轉變。
> 這樣的奇蹟不只發生在我班上，也不只出現在一個學
> 生的身上。很多老師自己都覺得獲益良多，影響層面
> 甚至包括他們的日常生活。

南希讓米莉轉變的故事很精采。米莉不但改變了學習角度和學習方式，她的人生也不同了，這凸顯發展無限心靈的重要方法。為了更進一步了解這個概念，我們必須深入數學的學習世界。下面將介紹的研究能為老師、學生、任何科目的學習、家長和領導人帶來啟發。這項研究也讓我們得以洞悉人類心靈的運作及靈活所扮演的角色。

靈活思考

英國華威大學（University of Warwick）教授葛雷（Eddie Gray）與塔爾（David Tall）以一群年齡在七至十三歲的學生為研究對象。這群學生已被老師分為三類：學習成就低的學生、成就中等者及學習成就高的。[12] 研究人員要求學生做算術題目，給他們看圖形，記錄他們運用的策略。例如，他們要學生計算「7＋19」，並給學生看下面的圖形：

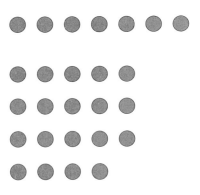

研究人員發現，就學習成就高與低的兩組學生而言，差異不在學習成就高那組會的比較多，而是能靈活思考。研究人員根據學生的計算策略，把他們分為幾組：一組是「一個個計數」，把結果算出來；一組先掌握一邊圓點的數目，再把其他圓點加進來，也就是從已知數往上數；另一組是「運算組」，也

就是用數字來進行加法運算；還有一組是「數感組」，這一組學生靈活運用數字，例如把「7+19」的圓點看成是「6+20」。接著，研究人員分析不同學習成就學生使用的策略：

高學習成就者：

　　30%　利用運算

　　9%　　從已知數往上數

　　61%　利用數感

低學習成就者：

　　6%　　利用運算

　　72%　從已知數往上數

　　22%　一個個計數

　　0%　　利用數感

可見這兩組學生使用的策略差異很大。學習成就高的學生會靈活思考，利用數感者高達 61%，而學習成就低的那組，沒有一人利用數感。

學習成就低的學生有自己一套計數的策略（從一個已知數往上數或往下數），而且一直利用同樣的策略來做所有的題目，不管是不是合理。研究人員認為這些學生的思考不靈活，

他們的計算方式反而比較困難。

　　以「16-13」為例。學習成就低的學生會倒著數（從 16 減 1 開始數）。這樣會很容易出錯。學習成就高的學生思考比較靈活，他們計算「6-3」和「10-10」，於是得到「3」的答案。這種靈活思考非常重要，然而如果學生不了解運算法則，只是要他們按照加減乘除的規則去算，學生就只會死記，不會用靈活的方式思考數字。

　　老師常要求小學低年級學生多做練習，特別是算術有問題的。很多學生都討厭這種「不斷操練」的學習法，因為這種練習扼殺他們的學習興趣。或許學生根本不需要這麼做。學習成就低落是因為學生用錯誤的方式學數學，認為必須死背公式或運算法則。即使數感比較有幫助，他們也不利用數感，而是用背起來的算法。其實，學數學最重要的不是練習，而是以靈活、有創意的方式來思考數字。學生需要用不同方式來學習數學。

概念學習

　　利用概念來學數學是怎麼回事呢？對很多老師來說，這也許是個新奇的理念，畢竟他們總是用算法、公式、法則來做數學。葛雷和塔爾利用右頁圖來區分概念和算法的不同。

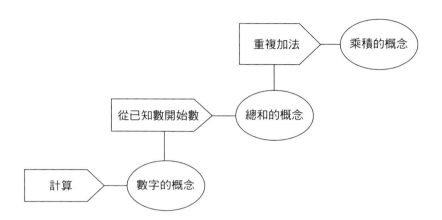

　　我們學習計數等方法以發展數字概念。我們學會從已知數開始數，就能發展總和的概念；學會重複加法，就能發展乘積的概念。數學是一門概念學科，但很多學生不是從概念來學，而是背誦公式或算法。正如前面討論的，對很多學生來說，這會是嚴重的問題，我們可從一些很有意思的大腦研究得知端倪。

　　在我們學習新知識時，這些知識會在大腦占據很大的空間。如果大腦了解這些知識的意義並與已學得的知識連結，則會占據更大的空間。經過一段時間之後，我們學到的概念將被壓縮，就不會占據那麼大的空間。這些概念依然存在，在我們需要的時候，就能快速、輕鬆的從大腦提取出來。例如我教幼兒園小朋友算術，這些概念將會在他們的大腦占據很大空間。但是如果我要成年人計算「3＋2」，他們會利用加法的

壓縮知識，馬上得到答案。曾獲得菲爾茲獎的數學家瑟斯頓（William Thurston）如此描述：

> 數學的壓縮令人驚奇：你也許為了一個問題或概念苦思良久，從各種角度一步步的反覆驗證、推導。一旦你真的理解，就能用全局視角來看。這通常就是一種心智壓縮。你把學到的東西歸檔，日後有需要，就能迅速提取出來利用。伴隨這種壓縮的洞見就是研究數學真正的喜悅。[13]

你也許會想，很少有學生認為做數學帶給他們「真正的喜悅」吧。如果學生能從概念來學數學 —— 從各種角度來看，而且靈活運用數字 —— 就能理解數學概念，進而創造出能壓縮、儲存在大腦中的概念。如果學生認為數學需要記憶、背誦，就無法理解數學概念或是形成可被壓縮的概念。[14] 他們把算法一個個記起來，這些算法堆疊起來，就像梯子，不斷往上延伸。

我告訴老師和家長這樣的研究時，他們問道：「那我們要如何讓孩子從概念去學數學？」讓學生從概念學習的方法有很多。首先，你必須讓學生知道為什麼要用某種算法，而非要他們把算法記起來。我在前一章曾提到，老師可以問學生他們怎麼看一個概念，如此一來將有助於學生從概念來了解數學。

另一種用概念來教數學或學數學的方式叫「數學講解」
（number talks），由教育學者帕克（Ruth Parker）及理查森
（Kathy Richardson）所設計，並由韓福瑞（Cathy Humphreys）
和帕瑞許（Sherry Parrish）進一步開發出來的學習策略，可幫
助孩子培養數感。這種學習法要求孩子用各種方式解題。例
如，要學生不用紙筆，只用頭腦思考怎麼計算，老師再把所
有不同的解題方法記錄下來。但我教學生進行這樣的活動時，
總會鼓勵他們利用圖形思考，以活化學生大腦的各個路徑。例
如，請先不要看解答，試著想想「18×5」要怎麼計算。

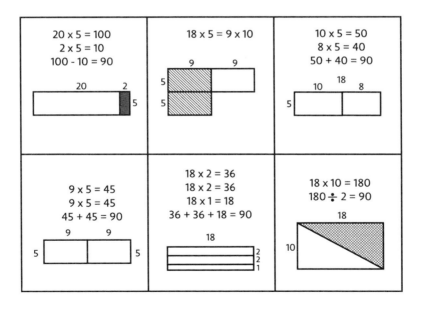

每一道算術題都有很多不同的解法。我們可把數字拆解，使之包含比較容易計算的數字，如 20、10、5、100 等。如此一來，學生就能靈活的思考數字，培養數感。我們應該鼓勵學生用不同方式來看題目和解題，而不是把數學當成一堆應記住的算式。

我曾向不同的觀眾說明如何用不同的方法解題，如一位數或二位數的乘法，很多觀眾都非常驚奇，同時覺得思考變得更自由。有一天，我受邀和科技教育平台優達學城（Udacity）的創辦人特龍（Sebastian Thrun）及其團隊見面。特龍是史丹佛電腦科學教授，也是 GoogleX 實驗室締造者。特龍不但研發無人駕駛車，他也致力於開創大規模開放式線上課程（MOOCs）。現在，他正在設計電動飛行車。我曾與他進行訪談，並且把訪談影片放入最先上線的教師線上課程中，以傳播他對數學與教學的理念。

我能見到特龍教授，是因為他邀請我去優達學城和他的團隊聊聊。那天，我坐在會議室，裡面坐滿了優達學城的工程師。我們圍著一張大桌子坐下，還有一些人則站在牆邊。特龍教授問我，學習數學可有什麼好方法，於是我問大家是否願意跟我一起做一道數學題。所有人都躍躍欲試。我請他們計算「18×5」，然後蒐集每一個人的解法，並將之寫在桌面上，也用圖形來說明。這些工程師沉迷於這樣的數學思考之中，有

些人甚至還走到街上，問路人他們會如何計算「18×5」。接著，他們利用「18×5」製作了一集短短的線上教學課程，甚至訂製了印有「18×5」字樣的 T 恤，穿著這樣的 T 恤來優達學城工作。

我也曾拿這個題目問另一位了不起的技術領導人巴思萊特（Luc Barthelet）。巴思萊特是電子遊戲「模擬城市」（SimCity）產品開發團隊領導人，也是線上知識查詢服務沃夫朗（Wolfram Alpha）執行總監。巴思萊特也對這個問題很興奮，接著不斷問他碰到的每一個人，看他們如何解題。當然，能用很多方法來求解的不只是「18×5」這個問題。我看到這些數學高手因為發現能用各種有創意的方法來解題，覺得自己的思考變得更加自由、靈活。

為什麼大家會對這種多角度、有創意的解題方式感到驚奇？有一位女士做完「18×5」的練習之後，甚至震懾不已。她說：「我不是不知道可以那麼做，只是我一直以為不能那樣解題。」

來自英國的一個老師描述自己的體驗。他試著對自己班上數學最好的一群學生進行「數學講解」，然後要他們做「18×5」。學生樂意嘗試各種解題法，並與同學分享。之後，他也要班上數學最差的一群學生做同樣的題目，學生卻陷入沉默。他們只會靜靜的利用算法來解題，也就是只有一種解

法，沒有其他想法。他建議學生從其他角度來思考，例如先計算「20×5」。學生嚇了一跳，問道：「老師，我們以為不能那麼做。」數學好的學生能靈活思考數字問題，而數學差的學生不能這麼做 —— 正因他們認為數學沒有那樣的彈性。

這說明了數學教育造成的傷害 —— 學生認為數學一定要依照規則，不能靈活思考。難怪有那麼多學生討厭數學。我已多次注意到這個問題。這是所有學生的問題，也是我們這個國家的問題，但對數學不好的學生來說，特別是個嚴重的問題，正如葛雷與塔爾的研究。

有個數學解題方式特別有用，也就是「利用比較小的數值」。如果問題很複雜，就先利用比較小的數值來了解問題的模式。以高斯證明（Gauss's proof）為例。這就是一個相當巧妙、優雅的解法，有助於了解複雜的問題。

高斯是十九世紀德國數學家。據說高斯在讀小學時，有一天老師給他一道難題，心想這個小朋友應該要花很久的時間才算得出來。老師出的題目是：把 1 到 100 所有的數字加起來。沒想到高斯很快就洞視數字的模式，了解他不必從 1 開始到 100 把一個個數字加起來。他發現，如果把 1 和 100 相加，答案是 101，把 2 和 99 相加，答案也是 101，把 3 和 98 相加，答案一樣是 101。因此，他看出所有的數字總和等於是 50 組的 101，所以從 1 到 100 所有的數字總和就是 50×101。

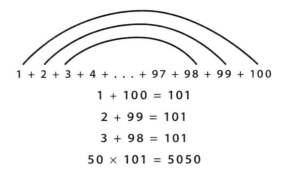

$$1 + 2 + 3 + 4 + \ldots + 97 + 98 + 99 + 100$$

$$1 + 100 = 101$$

$$2 + 99 = 101$$

$$3 + 98 = 101$$

$$50 \times 101 = 5050$$

　　為了明瞭高斯證明，我們可以先計算較小的數值 —— 例如計算從 1 加到 10。

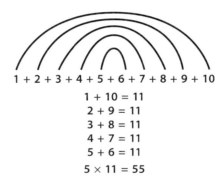

$$1 + 2 + 3 + 4 + 5 + 6 + 7 + 8 + 9 + 10$$

$$1 + 10 = 11$$
$$2 + 9 = 11$$
$$3 + 8 = 11$$
$$4 + 7 = 11$$
$$5 + 6 = 11$$
$$5 \times 11 = 55$$

　　計算較小的一組數值有助於我們了解這個題目，以及為什麼把跟前後對稱的兩個數字兩兩配對相加得到的答案皆相同。如果你想接受更多挑戰，給大腦一個成長的機會，可以試試看如何用高斯的方法來計算從 1 到 99 所有連續奇數的總和。

從較小的數值開始計算，是我們的數學本能。但是，我教學生這個方法時，原本數學不好的學生反而會抗拒這麼做。我知道原因出在哪裡。這些學生認為數學必須按照公式去計算。他們一拿到題目，就只會死板的把一個個數字加起來，不知道還可以從另外一個層面來了解問題。如果要他們從較小的數值去思考，他們會覺得疑惑，似乎認為這樣做會違反他們學到的「規則」。

　　我認為教學生玩數字，以及把數學當成一門開放的、有多種思考路徑的學科，也是很重要的生活方式。這麼說並不誇張，因為我知道如果一個人能用不同的角度來看數學，也就能看到自己的潛能，改變自己的人生，獲得更多經驗。如此一來，學生不單只有數學這門科目能拿到好成績，對他們學習STEM 科目或是其他領域也會有很大的幫助。若學生有量化概念的數學素養，將有助於他們了解金融、統計及其他和數學有關的生活層面。

　　如果學生獲得的數學經驗是開放性的、概念的而且沒有解題的時間壓力，學生將體會到難以言喻的自由。俄亥俄州四年級數學老師妮娜・沙德尼克（Nina Sudnick）就講述了她一個學生如何因為數學而獲得解放的故事。

　　她第一年教書時，學生數學程度之差讓她訝異。儘管這些學生已學了五年數學，在課堂上卻一問三不知。為了明瞭學生

的問題，妮娜讀了我早先出版的《這才是數學》（*What's Math Got to Do with It?*）一書。她說：

> 那時，我正在讀那本書。如果我現在可以翻開那本書給你看，幾乎每一句都畫線了。我的大腦就像爆炸，因為有很多不同的觀念一直在困擾我，我卻說不出來。我不明白為什麼學生有這樣的困難。

那年暑假過後，妮娜回到學校，改變了自己的教學方式。在她任教的第一年結束時，她的學生 64% 都能達到精熟的程度。第二年，精熟的學生更多了，達到 99%。

妮娜做的重要改變之一是處理每日和每週評量的方式。妮娜不再只是對的打勾、錯的畫叉，然後發還給學生。她會在學生的評量上寫評語，指出學生已經了解什麼，哪些還不熟。起初，學生拿回批改後的評量時，一直在找打勾或畫叉的地方，但上面並沒有任何這樣的記號。妮娜說，她現在把評量成績視為學生了解程度的指標。

妮娜還給學生更多開放性和概念性的數學問題。其中一題來自我們每年在 youcubed 網站分享的「啟發數學週」。我們設計出一些開放、能激發創造力的題目。而那道題是數學史上還無人能解的難題，也就是考拉茲猜想（Collatz conjecture）：

- 從任何一個整數開始。
- 如果這個整數是偶數，則除以 2。
- 如果這個整數是奇數，則乘以 3，再加 1。
- 繼續這樣的計算步驟生成數列。*
- 任意挑選一個數字，得出一個數列。你認為這個數列最後會如何？

　　不管任何數學產生的數列，最後一定是 1。沒人得到 1 以外的答案，也沒人能證明為什麼。這個問題又叫作冰雹猜想，因為序列中的數字就像雲層中的水滴被風吹動、旋轉，因此忽上忽下。水滴隨氣流上升遇冷，到達冰點，於是凝結成冰粒，冰粒愈積愈大，最後突然落下，就變成冰雹（變成數字「1」）。

　　儘管這個問題無人能解，我們認為適合讓三年級以上的學生來研究。很多老師讓學生做這個題目，希望有人能找到數列結尾不是「1」的結果。我們可看到有些老師把學生計算出來的序列圖形拍攝下來發布在推特上。很多圖形都令人驚豔。

　　妮娜有個學生叫裘蒂。裘蒂經常請病假，不能到校學習，作業也常常無法完成。裘蒂一向不怎麼喜歡數學，冰雹猜想的

---

* 譯注：如 n = 6 得出序列為：6, 3, 10, 5, 16, 8, 4, 2, 1。若 n = 11，則序列為：11, 34, 17, 52, 26, 13, 40, 20, 10, 5, 16, 8, 4, 2, 1。

冰雹的形成

雲層中的水滴被風吹動、旋轉，因此忽上忽下。水滴隨氣流上升遇冷，到達冰點，於是凝結成冰粒，冰粒愈積愈大，最後突然落下，就變成冰雹。

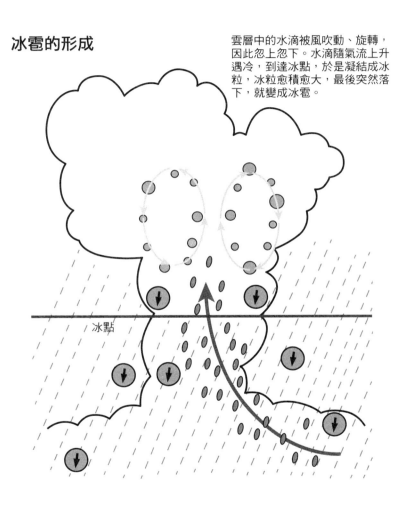

冰點

問題卻讓她入迷。有一天，妮娜發現裘蒂走來走去，口袋裡塞滿了小紙條。幾個星期後，妮娜看到裘蒂的口袋愈來愈鼓脹，紙條甚至跑出來了。妮娜於是問裘蒂，那些紙條是做什麼用的。裘蒂從口袋拿出她隨手寫的東西。原來這幾個星期她一直在做考拉茲猜想的問題，計算出一個又一個序列。妮娜說：

> 她知道這些序列，並以自己的研究為傲。我跟她說：「即使你都不交作業，我也不在乎。（笑）繼續做你的冰雹猜想吧。」很多孩子都說：「哇！每次 16 出現，就知道接下來會如何了。」我說：「真的！」裘蒂學得很起勁。她上了這麼多年的數學，似乎第一次發覺數學很有趣。謝謝你！

根據國際學生評量計畫（PISA）團隊最近所進行的一項分析研究，我們的數學教育過於倚賴記憶，而非概念的學習，因此造成不良影響。PISA 是由經濟合作暨發展組織（Organisation for Economic Co-operation and Development）主辦的全球性的學生評量，自二〇〇〇年起，每三年舉辦一次，其評量對象為十五歲學生，評量內容涵蓋閱讀、數學和科學三個領域的基本素養。幾年前，我曾應 PISA 團隊的邀請到巴黎協助他們進行分析。

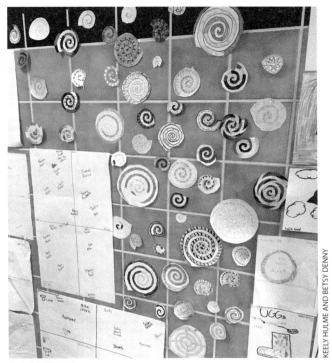

數字序列的圖形

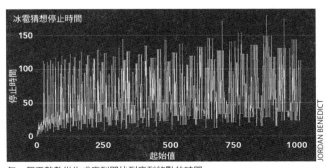

每一個正整數從生成序列開始到序列終點的時間

到巴黎的第一天早上，我來到會議室，拉了張椅子坐下。PISA 團隊問我的第一件事是：「為什麼美國學生搞不懂 π？」（圓周率 π 是個無理數，近似值是 3.14。）美國學生對 π 的了解在全世界敬陪末座。我告訴他們答案。

　　從英國移居美國之後，我總是很好奇，美國老師是怎麼教 π 的。我發現，美國老師要求學生背 π，甚至背到小數點後十幾位數以上，愈長愈好。π 起自 3.14，後面還有無限多個數字。美國學生因而認為 π 是個「無窮盡的小數」，而忘了 π 真正的意思是周長和直徑的比率。這是個動態、迷人的概念，無論我們測量的是什麼尺寸的圓，圓周與直徑的比率總是相同。

　　最近，我請老師問學生 π 的意義，看學生怎麼說。果然，老師向我回報說，學生都說 π 是極長的數字，沒有人提到圓周或是圓周和直徑的關係。也難怪美國學生參加 PISA 評量時，所有和圓相關的題目都做得很糟。老師當然可跟學生玩 π 的數學遊戲，或是要學生背 π（或是吃派！），但是一定要讓學生深入了解圓周和直徑的關係。

　　二〇一二年，PISA 團隊不只分析學生的測驗成績，也調查學生的學習方式。除了數學題，研究團隊也以問卷調查學生是如何學習的。他們的學習可分成三類。一種是記憶法，學生設法記住要學習的東西。另一種是相關法，學生把新想法和自己已知的東西連結起來。第三種則是自我監控法，學生會評量

自己已知的，決定自己需要學習什麼。

在任何一個國家，只利用記憶學習的學生通常學習成就最低。以美國為例，非常多學生都死記硬背，無怪乎美國是學習成就最低的國家。[15] 法國和日本的學生則利用自我監控法和相關法，學生的學習成就遠高於只會記憶的學生，高出來的部分相當於一年的學習。研究顯示，從世界各國學生的表現來看，記憶學習法不會帶來高成就，如善於利用思考和利用相關法，學習成就則比較突出。

正如我們從研究中看到的，美國數學教學問題嚴重。數學是個美妙的學科，可透過概念和創造力接觸許許多多的理念與連結。但是學生認為數學就是要背公式，背得愈滾瓜爛熟愈好，不重視緩慢、深入的思考。即使是數學成績好的人，與數學的關係也很薄弱。如果你能用不同的方式接觸知識，門就會開啟，讓你進入另一個世界。如果我們學到的概念被壓縮到大腦中，就能為理解打造堅實的基礎。於是，我們就能把數學思考變成工具，不只是用於數學課，而能運用到所有的學科領域。以目前的教育系統而言，只有少數高成就的學生會靈活思考，日後他們將在各個領域大放異采。

我在前一章提到的馬克・裴崔和本章的妮娜・沙德尼克在接觸本書理念之前已是很棒的老師，也教出很多數學成績優良的學生。但這兩位老師試著用創造力啟發學生，教學生深入思

考的重要性，在他們任教的班上也就有更多學生表現得更好。

正如二十世紀六〇年代民權運動領袖鮑伯・摩西（Bob Moses）所言，與數學建立良好的關係是一種公民權利，因為這將開啟學習與人生的大門。很多人認為，更多的了解與熟練來自更多的知識，且認為學習任務就是努力累積知識。但研究告訴我們，學習效率佳、學習成就高的人是因為他們能靈活思考。有創造力而且能靈活思考是非常重要的工作方式，但知識量太多，反而會造成妨害。[16] 有些問題涉及模式的辨認與意想不到的連結，需要有創意的解決辦法，但能成功解決的人往往不是訓練有素的專家，而是局外人。

亞當・格蘭特（Adam Grant）在《反叛，改變世界的力量》（*Originals: How Non-Conformists Move the World*）一書指出，長久以來我們稱讚遵守規則、善於記憶的學生。在美國，只要兩歲會識字、四歲會彈巴哈、六歲會微積分的孩子都被視為「神童」── 但這些神童很少是改變世界的人。學者研究歷史上最有影響力的人物，發現這樣的人兒時很少被當成「天才」。而在求學期間成績優秀的學生長大成人之後往往「沒能發揮他們的非凡能力，只會按部就班，做好分內工作，不會質疑預設狀態，不敢興風作浪」。格蘭特下結論道：「我們固然需要這些人，這個世界才能順利運轉，但他們卻讓我們原地跑步，不會前進。」[17] 能改變世界的人是富有創造力、思考靈活

的人，勇於跳出思考框架，不會被框架限制住。

很多人都知道有創造性和靈活的思考是很有價值的，但是，他們卻不會把這樣的思考與數學相連。反之，他們認為數學就是要依照公式，要服從規則。但是，如果我們把數學和創造力、開放性、跳脫框架的思考連結起來，就能豁然開朗。這是每個人都應該了解、體驗的。如果真能這樣做，他們就再也不會回頭。

深刻、靈活的思考可運用在所有的科目及生活層面。我們不知道將來人類必須解決什麼樣的問題，但那些問題很可能是我們想不到的。如果我們只是用能快速複製的內容把自己的心靈充填得滿滿的，恐怕未來對我們解決問題沒有幫助。反之，我們應該訓練自己的心靈，讓自己的思想深刻、有創造力、靈活，這樣似乎比較有用。想想那些為人類社會照亮前路的人。研究人員發現，他們的思考要比一般人來得靈活。他們知道要用不同方式解決問題，而不只是依賴記憶。靠速度和固定做法，很快就會碰到瓶頸。不管是在教育界或是其他領域，我們都必須質疑追求速度和記憶的好處，把焦點放在靈活及有創造力的學習上。如此一來，我們才能掙脫束縛，發揮潛能。

與人連結，強化神經路徑、
增進學習成效

前五把金鑰可幫助我們開啟學習以及生活的無限潛能。這五把鑰匙借鑑於下面的知識或理念：

- 大腦的可塑性及成長
- 挑戰及錯誤帶給大腦的正面影響
- 信念與思維方式
- 用多個角度來學習，增強大腦的連結
- 靈活思考

這些鑰匙都能使我們得到解脫，有時只利用一把鑰匙，就能掙脫束縛。例如，如果你認為自己無法學習某個領域，或是只有思考敏捷的人能學習哪些科目，一旦明白這些想法是謬誤的，你就能獲得自由，勇敢走上自己選擇的道路。在本章，我將介紹第六把金鑰何以讓人解脫。這把金鑰可使你與人連結，互相分享許許多多的想法。連結與合作能為學習及生活帶來極大的好處。

學習金鑰 #6

與人連結，接觸各種不同的想法
可強化神經路徑、增進學習成效

為什麼合作很重要？

在我的生涯之中，曾有一些奇妙的體驗，有些來自研究，有的則來自個人經驗。通常這是合作與連結促成的。這些體驗有的和學習有關，有的涉及公平的追求，有的則與思想的進步有關，在這些過程中甚至曾面對嚴重對立。這些案例再再顯示，當我們與別人的想法連結，能為大腦和人生帶來多重好處——神經科學研究也已證實這點。

德州大學奧斯汀分校的數學家烏瑞·崔斯曼（Uri Treisman）過去在加州大學柏克萊分校任教。烏瑞在柏克萊注意到，修微積分的非裔美國學生當中 60% 都會被當，很多學生甚至因此輟學。烏瑞仔細研究了更多學生資料，發現華裔美國學生無人被當，他因而提出這麼一個問題：為何非裔和華裔學生有這樣的差異？

烏瑞先問數學系的同事，他們認為原因為何。同事想出種種可能：也許非裔美國學生入學時數學成績較差或是數學訓練不夠；或許因為家境不佳。但這些理由都不對。烏瑞透過觀察，找出真正原因——非裔學生都獨立解答，而華裔學生則會合作，一起研究。華裔學生通常會在宿舍或學校餐廳碰頭，討論教授指定的數學題。反之，非裔學生則獨立在宿舍做題目；如果碰到困難，就認為自己沒有數學腦袋，索性放棄了。

烏瑞及其研究團隊設立了工作坊以幫助學生，包括有色人種學生。烏瑞說，他們創造了一個「有挑戰性但提供情感支持的學術環境」。[1] 參加工作坊的學生一起研究數學題，並共同思考如何不斷提升數學程度。這些學生果然有了很大的進步。不到兩年，非裔美國學生的不及格率不但降為零，參加工作坊的非裔及西語裔學生表現甚至優於白人及亞裔同學。烏瑞的研究結果著實令人印象深刻。現今，他仍然在奧斯汀主持數學工作坊。已有兩百多個大專院校採用這樣的輔導方式。烏瑞說：

> 我們說服學生，要拿到好成績，一定要和同學合作，
> 創造一個基於共同志趣和專業目標的社群。然而，也
> 得費心教他們合作。之後就是相當基礎的教學法。[2]

　　說來，這些學生在上大學前已在學校待了十三年，竟然還要教他們如何合作，這顯示學校教育體系出了問題。所謂的教學總是老師講課，學生獨立練習做題目。在德州大學領導工作坊的團隊指出，大學成績要突出，必須與人合作，建立好的連結。很多人知道這點，但是仍不明白合作在學習過程有何作用。烏瑞及其團隊鼓勵學生合作時，發現學生的數學學習路徑也改變了，而有良好的學習成就。不只在大學學習微積分能有這樣的成功，任何科目的學習也能有類似的結果。

學生放棄學習的一個原因是他們認為要學的東西很難，而且覺得自己總是一個人苦苦掙扎。如果學生能合作，就會發現每個人都有困難的地方。對學生來說，這是個重要關鍵，有助於他們了解，在學習過程中，困難其實是家常便飯。

合作會改變學習路徑的另一個原因是，學生有機會接觸別人的想法。與別人的想法連結，能發展出更高層次的理解。學生在合作時（不管是學習數學、科學、語言、英文，或者任何領域），思想能互相連結，這種連結本身非常寶貴。

大規模測驗也顯示值得注意的類似結果。二○一二年的PISA 評量發現，在三十八個實施評量的國家中，男生的數學成績要比女生來得好。[3] 這樣的結果不但令人驚訝，也令人失望。在美國及大多數其他國家，女生與男生的學習成就是平等的。我再次想到測驗可能扭曲真相，無法顯現學生確實了解的以及他們能做的。

後來，PISA 團隊公布了一份研究報告，指出如果把焦慮納入分析，由於女生較沒有信心，就可了解男生與女生的學習成就差異。[4] 數學學習成就的性別差異其實源於男女對數學的信心有別。研究人員已經證實，女生在考數學時，比較會焦慮。[5]因此，任何教育人士要以測驗成績來做決策時，必須三思。

PISA 團隊進行的另一項評量則顯示，不同的測驗條件及合作可縮減學習成就的性別差異。除了個別學生的數學評量，

PISA 團隊也評估合作解決問題的結果。在這次的評估中，學生合作的對象不是其他學生，而是電腦。他們必須考慮電腦的建議，與電腦提出的想法連結，藉以解決複雜的問題。[6] 在我看來，這比學生個別測驗來得意義重大。學生不再獨自絞盡腦汁，必須考慮其他人的意見，再設法解決困難的問題。對學生而言，這是很好的準備，畢竟他們日後踏入職場也必須這麼做。

合作解決問題的評量在五十一個國家進行，結果發現女生的表現優於男生。另外值得注意的還有兩點。其一是優勢和弱勢學生的評量結果沒有明顯差異 —— 這實在是個罕見而重要的發現；另一則是，在某些國家，族裔的多元性有助於學生表現。研究團隊發現，在某些國家，非移民學生如有較多的移民同學，表現比較優異。這個令人驚異的結果顯示，族裔的多元化有助於學生合作。

PISA 的合作解決問題評量結果不但凸顯性別平等的追求，也顯示個別學生評量可能不夠公允。凡是曾為重要考試焦慮不安的人都能了解這點。女生因為在測驗中使用電腦而增加信心，能表現得更好，這意味著什麼？同樣的，非裔美國學生透過合作，從微積分不及格到勝過以前比他們表現更好的學生，這代表什麼？這項研究顯示合作的潛力不只適用於女生或有色人種學生，所有的學習者和思想者也能利用合作強化能力。如果你能與他人的想法連結，就能增強大腦功能、理解

力，也能用新的角度來看問題。

神經科學家也知道合作的重要性。研究顯示，人在合作時，大腦的內側眼眶額葉皮質與前額葉網絡會變得活躍，後者有助於執行功能的發展。[7]神經科學家稱這兩個大腦區域為「社交大腦」。與人合作時，大腦將擔負理解他人思維及學習互動的複雜任務。社交認知是當前神經科學研究的一大主題。

合作對學習、成績表現、腦部發展及創造公平的結果非常重要。此外，合作也有助於建立人際連結，特別是在發生衝突及需要別人幫忙時。

心理學家維克多・高爾澤（Victor Goertzel）及其夫人米德麗（Mildred）研究了七百位對人類社會有卓越貢獻的人，這些人幾乎都有兩部以上傳記傳世，例如瑪麗・居禮（Marie Curie）和亨利・福特（Henry Ford）。高爾澤夫婦發現，這些名人在經濟上獲得家人支持的還不到 15%，75% 成長環境欠佳，如「家境貧苦、受虐、失去父親或母親、父母有酗酒問題或得了重病等」。[8]他們的研究是在一九六〇年代進行的。臨床心理學家梅格・傑伊（Meg Jay）在《華爾街日報》發表了一篇以韌力為題的文章。她寫道，即使是今天，也有類似的結果，她以脫口秀女王歐普拉・溫弗蕾（Oprah Winfrey）、星巴克創辦人霍華德・舒茨（Howard Schultz）、NBA 球星勒布朗・詹姆斯（LeBron James）為例，說明很多成功人士都是在

極度困苦的環境下成長。[9]

多年來，傑伊一直在研究韌力。她指出，經過苦難試煉的人往往比較成功。這樣的人生不是「反彈」，而是戰鬥。苦難的折磨能使人更堅強、更有韌力。他們在自己的內心以戰鬥者自居，能堅持自我信念，也能與人建立連結。能克服困難而不被擊垮者有一個共同的特點，也就是在需要幫助時，他們會求助於別人 —— 如朋友、家人或同事 —— 人際連結幫助他們通過難關的考驗，進而發展出強大的力量。

合作的力量：兩個案例

我發現自己成了霸凌的受害人，正是因為合作，才得以否極泰來。事件發生在我從倫敦國王學院到史丹佛大學任教之時。那時，我剛提出博士論文，針對兩所學生條件類似但數學教法不同的學校完成了詳盡的研究，獲得了當年英國最佳教育博士論文獎。我以這項研究為主題所出版的書也榮獲最佳教育書籍的獎項。

在這項研究中，我追蹤了同一年級的學生，時間長達三年，從他們十三到十六歲。我進行了三百多個小時的課堂觀察，看學生怎麼做數學題。在這三年中，每年我都會與老師及

學生進行訪談。我還給學生應用數學題做為評估，並仔細分析學生的成績和他們參加全國考試的解題方式。研究結果很有啟發性，全英國的報紙都報導了這項研究。英國大多數的學校都採用傳統教學法（美國及其他很多國家也是），亦即老師在上課時解釋做法，然後要學生不看課本做練習。這樣的學生大都討厭數學，全國考試的成績遠遜於透過開放式和應用專案來學習的學生。[10]

　　在學校，透過專案學習*的學生大都必須先完成一些課程，然後必須用各種不同的方式來運用學到的方法。學生比較能享受數學之樂，在全國考試的成績也進步很多。[11]透過專案學習的學生表現比接受傳統教學的學生來得好，因為他們把每個題目當成思考的機會，且能運用各種方法。至於接受傳統教學的學生則傾向利用死記硬背的東西來解題。此外，接受傳統教學的學生之間還存在性別和社會背景的差異。透過專案學習的學生雖然一開始也有這些差異，但三年後這些差異就消失了。

　　在一項追蹤研究中，我與來自上述兩所學校的學生合作。

---

* 譯注：專案學習：專案導向學習的理念可追溯自杜威（John Dewey）的進步主義學派，以建構主義和情境學習理論為依歸，以認知心理學為基礎，以合作學習做為學習方式，強調做中學，以活動、專案與解決問題等做為學習主軸，提供學生開放、支持的學習環境，常會要求學生合作完成小組任務，呈現專案作品。

現在，這些學生已二十四歲。他們在全國考試的成績差不多。但經過分析，我們發現透過專案學習的學生踏入社會之後較多成為高薪的專業人士。[12] 透過專案學習的學生表示，他們會運用在學校學到的數學方式 —— 提問題、運用及調整方法，也會積極爭取晉升的機會，如果不喜歡自己的職務則會換工作。接受傳統教學的學生則說，他們不會運用在學校學到的數學，在學校被動學習，面對人生的態度似乎也比較消極。

我拿到博士學位之後的那個夏天，在希臘雅典一場研討會上發表研究結果。那時，史丹佛教育學院院長及數學系遴選委員會主席前來找我。他們兩位都在研討會上旁聽，他們告訴我，他們正在找尋新的數學教育教授。他們請我考慮到史丹佛任教。由於那時我很滿意在國王學院的研究和教學工作，便謝絕他們的邀請。但在接下來的幾個月，他們寄給我幾本加州的風景攝影書，說服我去面談，並體驗一下史丹佛和加州的生活。我同意去加州海岸待個幾天，我果然愛上陽光明媚的加州，過一陣子就到史丹佛擔任數學教育系助理教授。

在史丹佛任教幾個月之後，我收到一個名叫米爾葛蘭（James Milgram）的數學系教授來信，說想跟我見面談談。我對米爾葛蘭教授幾乎一無所知，同意跟他在數學系辦公室見面。這次見面讓我覺得很難受。米爾葛蘭說，美國老師不了解數學，如果我在美國發表研究結果，會讓自己陷入險境。我當

下反駁他的說法，但他對我的意見沒興趣。這次見面教我飽受驚嚇。沒想到這只是下馬威，好戲還在後頭。

在接下來的幾年間，我榮獲國家科學基金會總統獎章，獲獎者都是 STEM 學科研究最有潛力的研究人員。我因而得到研究經費，得以在美國進行類似先前在英國所做的數學教育比較研究。在這項新的研究中，我和一群研究生追蹤三所學校大約七百名學生，時間長達四年，看不同的數學教學法有何影響。

這項研究和我的英國研究結果類似。與完全依照老師教的方法解題的學生相比，能主動學習、運用各種方法解決複雜問題的學生不但成績要高出許多，關於數學也有較多不同的觀點。再者，主動學習的學生在完成高中學業之後，願意繼續學習數學的人，要比接受傳統教法的學生多出十倍。[13] 在那些看老師解題、被動學習的學生當中，即使是成績優秀的學生仍告訴我們，他們迫不及待想放棄數學，希望以後再也不要學。

研究結果出爐時，米爾葛蘭檢舉我有學術不端行為，違反基本學術倫理。由於這是嚴重指控，可能結束我的學術生涯，校方不得不依法進行調查。我必須把過去四、五年來蒐集的資料交給一群史丹佛資深教授。校方調查米爾葛蘭的指控，沒有發現任何違反研究倫理的證據，我們的研究是站得住腳的，於是結束調查。但米爾葛蘭不肯就此罷休，甚至捏造了一堆謊言公布在網路上。校方建議我不理會他的攻擊。雖然我可以不管

米爾葛蘭在網路上怎麼說，但這些無妄之災教我難受，我決定離開史丹佛這個是非之地，搬回英國。

由於我獲得著名的瑪麗・居禮學者獎學金（Marie Curie fellowship）得以在薩塞克斯大學（Sussex University）進行為期三年的研究。我希望換了個新環境，有助於抹去過去幾個月不快的回憶，也讓兩個女兒（一個四歲，一個六個月大）能在一個好地方成長。不過，我發現這三年間依然有人在讀米爾葛蘭對我的批評，而且相信他寫的東西。

想要阻止數學教育改革的人不只是米爾葛蘭。他的同夥甚至在網站上發布謊言，指控我捏造數據，而我英國研究中提到的學校「只存在於我的腦海」。為了阻撓數學教育改革，他們成立了一個不對外公開的網站。其中一人說道：「以研究數據來說，一位頂尖大學研究人員竟然放水。真是太糟了。」他攻擊的是我的博士論文指導教授布萊克（Paul Black）。布萊克是卓越的科學家，因為對教育貢獻良多而獲得梵蒂岡封爵殊榮。美國教授對他的攻擊讓他十分驚愕。他試著寫信向他們解釋，但無濟於事。

史丹佛教育學院經常寫信問我何時能回去任教。我離開之後，他們一直沒再找到合適的人。我回英國三年後，一個寒冷的二月天，我開始考慮要不要回史丹佛。那個昏天暗地的早晨，我在傾盆大雨中送女兒到學校，淋成落湯雞，好不容易才

回到家。我擦乾頭髮，打開筆電，發現史丹佛一個前同事寫了封電郵給我，問我何時會回去。不知道是那天太冷或是下雨，我第一次動搖了，心想：「也許我該回去了。」同時，我告訴自己，如果我要回去，必然得面對米爾葛蘭等人的挑釁，遏止他們對我的毀謗。

幾個月後，我回到史丹佛。很多人都認為我因為受不了英國天氣的陰沉，因此決定回到加州的藍天下。這或許是部分原因，但我在英國時，真的很懷念加州人的熱情。一般而言，美國人比較溫暖。在美國，很多老師都告訴我，我的研究對他們有真正的助益。

幸好，這時史丹佛教育學院新院長史蒂爾（Claude Steele）上任。史蒂爾是著名的社會心理學家，也是研究刻板印象威脅的先驅。他研究了米爾葛蘭及其友人對我的指控，發現米爾葛蘭的共同作者畢夏普（Wayne Bishop）在報紙上發表的一篇文章竟然用「小黑鬼」來指稱非裔美國學生。史蒂爾因此了解與我們交手的是什麼樣的人。我們一起擬定了一個簡單的因應策略——也就是我把霸凌和毀謗的細節公諸於世。

我還記得一個週五晚上。教育系的其他教職員都去參加派對。我待在家裡，設立一個新網頁，描述米爾葛蘭等人的行徑。寫好之後，我點擊了一下滑鼠，將文章上傳。[14] 我的命運因而得以逆轉，不再只是挨打。那晚，我也登錄了一個推特帳

號，在推文連結到描述學術霸凌的那個網頁。結果，這個事件像野火般蔓延出去。在那個週末，無數教育界人士轉推我的網頁文章。不到四十八小時，美國各地的記者為了報導這則新聞紛紛與我聯絡，想要進一步了解事件細節。

接下來，我開始收到一些女教授和女性科學家的來信。不到幾天，我已收到近百封信，來信者都對我表示同情，信上提到她們在大學受到男性欺凌的細節。這些郵件顯示大學文化大有問題，高等教育的性別平等似乎仍遙不可及。我想，本書的每一位讀者可能認為，都已經是二〇一三年了，大學各學系應該不會歧視女性。但我收到的郵件可以證明，目前仍有許多握有權勢的男性認為女性不適合踏入 STEM 學科的研究領域。這些男性也許不了解自己對女性的歧視到何種程度，而且為我的陳述感到驚訝。事實上，我收到的郵件都詳述他們對女性的種種欺壓，明確顯示這是性別歧視的問題。

在我公布學術霸凌事件之前，為了自我防禦，我曾試著為我的思想與感覺築起一道防火牆。我盡可能不去想被欺壓的事，甚至不想聽到米爾葛蘭等人的名字。有關米爾葛蘭對我的指控，史丹佛建議我別告訴任何人。雖然我依照學校的建言去做，卻發現同事、友人疏離了我，連律師都拒我於千里之外。

自從揭露米爾葛蘭等人的暴行，幾個星期、幾個月之後，我開始有一種溫暖的感覺 —— 成千上萬的老師、數學家、科學

家等人不斷給我支持，為我打氣。我在內心建築的牆融化了，終於能敞開心扉。幾個月後，我在一場數學教育研討會做專題演講。一個又一個女性學者站出來，細述她們受到的攻擊——都是同一批人幹的好事。有些老師被解僱，有些致力於性別平等的數學教育研究者——就像我——則成為箭靶。有人說，在數學教育的領域，需要有人挺身而出，對抗惡霸，他們一直希望有人能出來帶路，因此很感謝我這麼做。

幾個月、幾年過去了，我依然獲得源源不絕的支持。我也愈來愈了解，男性的攻擊會到什麼程度。他們在全國各地阻止數學教育改革，恐嚇教師、地區領導人和家長。然而，由於歐巴馬總統努力推行教育新政，我們已進入一個新的教育時代，愈來愈多人意識到改革勢在必行。

我漸漸放下創傷，並與更多人分享數學教育新知，如透過線上課程和 youcubed 網站。自從我揭露米爾葛蘭等人的霸凌事件，到今天這六年來，已有數百萬點擊、下載及追蹤人次。在美國，約有半數學校已使用我們的課程和教材。說來諷刺，能有這麼多的追蹤者，是因為大家看到我挺身而出，對抗施暴者。我的朋友常開玩笑說，我該送花給米爾葛蘭，正因為他，我的性別平等教育理念才能廣為人知。

我將我的遭遇公諸於世，從此與許許多多的人有了連結。這種連結讓我有了改變。在此之前，我總是一個人承擔痛苦，

我把自己的故事說出來之後，很多人對我伸出援手。這些支持使我內心出現明顯的變化。過去我被傷害很深，於是把心扉緊緊鎖上，因此我能察覺這樣的改變。有人說：「那些殺不死你的，將使你變得更強大」。對我而言，這句話再真確不過。我覺得自己生出一股新的力量，那是因為我已克服那些攻擊。

我透過分享故事和經驗建立的連結使自己得到幫助，我也得以幫助別人。我透過與他人的連結學習不再封閉，解除束縛，敞開自己。

由於社群媒體的匿名性和距離，因此霸凌難以杜絕。霸凌者認為他們可以攻擊我、毀謗我，但我已經變得堅強了。每次看到有人發文攻擊我，我總會想到這句話：「如果你沒遭受阻力，或許不夠顛覆。」

在教育這個體系，我們急需改變現況，因為已經失敗太多次了，不能再這樣下去。因此，我提出新的做法，挑戰傳統，不免遭受猛烈攻擊。我知道我提出的建議會影響到他們，才會引來抨擊。我現在不會因此消沉，也不會懷疑自我，甚至能把這樣的遭遇當作機會。

這是寶貴的心態轉變。不管是在學校或職場，如果你想要有好的變化或是建議採行某種新的做法，也許有人會攻擊你、嘲笑你。這時，你可試著把他們的批評看成你能做出一番改變的徵象。阻力是好的跡象，意味著你提出的想法雖然讓人不

悅，但是有影響力。電影「大娛樂家」講的是「玲玲馬戲團」創辦人巴納姆（Phineas T. Barnum）的故事（飾演巴納姆的是休·傑克曼）。巴納姆曾留下一句名言：「如果你跟其他人都一樣，哪能改變什麼？」

我很喜歡這句話，因為它讓我了解新的想法從來就不容易被接受，但這些想法很重要。人們最難接受的就是改變現狀的想法，而這些想法也許就是最重要的。我根據神經可塑性的研究證據提倡新的學習方法時，我告訴聽眾，他們與人分享這種新知識時，很可能會遇到阻礙。如果你相信智力和學習能力是天生注定的，就會抗拒所有相反的觀念，特別是從原有的信念獲得好處的人。儘管我一再受人欺壓，這樣的經歷不僅讓我變得更堅強，也使重要的研究理念和證據得以進一步傳播出去──這值得謹記在心。

每次有人問我，經歷這麼多年的欺壓，誠信、個人價值和研究被人質疑，我是怎麼熬過來的？我確信，那是因為我採取的行動，命運才得以轉變。也就是我把自己的經驗說出來，獲得世界各地的教育工作者和科學家的鼓勵與支持──我見過其中一些人，其他則是透過網路與我聯繫。我一直想隱藏的傷口因為這樣的連結而痊癒。有人問我，他們的研究或工作遭受攻擊時該怎麼做，我總是建議他們多與人建立連結，特別是現在透過網路聯繫非常方便。當然，你也可以找同事或家人幫忙，

無論是何種形式，人與人之間的連結十分寶貴。

　　在我談到身為父母、教育人士或經理人如何鼓勵人合作和建立連結之前，我想先說說一個合作的故事。故事是從一所高中開始的，現在已成為全球運動。

　　宣恩上高中時陷入低潮。他在加拿大一所大型中學就讀，一開始滿懷期望，但不到幾個星期，他就感覺到「前所未有的孤獨」。他曾在一支極具感染力的影片，描述自己如何像個局外人，不管在哪裡都有置身事外的感覺。[15] 至今，這支影片已有幾萬人觀看。由於深感孤獨與空虛，他去找輔導老師商量，心想自己可能得轉學了。

　　結果，宣恩沒轉學，反而依照輔導老師的建議，加入學校的五個社團。宣恩起初懷疑這麼做是否有用，但他加入社團之後，開始注意到一些轉變。他在走廊跟人打招呼。他參與愈多學校活動，就愈覺得自己是學校社群的一分子。宣恩發現，他愈這麼做就愈了解自己。他參與的活動愈多，感覺愈能與人連結，也比較有驅力和動機。現在回想起來，以前他覺得自己像個局外人，因為他總是孤獨。現在，他的想法不同了，他把自己融入學校生活 —— 因此一切都改變了。宣恩經歷巨大的轉變之後，決定與人分享自己的經驗，幫助年輕人與他人連結，進而促成一個全球性的運動。

　　宣恩最初的構想是在自己的學校舉行大會，幫助其他學生

了解與人連結，加入自己有興趣的社團之後會如何。一開始，他們預期有五十個學生會參加，沒想到消息傳出之後，來自七所學校、共有四百名學生參加了這次大會。第二年，參加者已多達上千人，往後每年還在繼續增加。宣恩把他的運動稱為「算我一份」（Count Me In），鼓勵青少年加入社區活動，至今已影響了超過一千萬人，而活動的演講影片更傳播到一百多個國家，讓全球各地的學生觀看。為了本書，我與宣恩進行訪談，他指出今天年輕人面對的挑戰在與人建立有意義的連結：

> 從我的經驗來看，比起其他世代，今天青少年的處境更為困難。他們不只必須面對其他世代遭遇的問題，還有同儕壓力、霸凌、社交孤立等問題。對成長與人生軌跡而言，這些問題都會對青少年造成傷害。由於通訊技術與智慧型手機的普及，青少年一天到晚掛在網路上，一天二十四小時都無法躲避那些問題，甚至會與現實及社區脫離。如果從不同的角度來看這個世界，能自我接納、有歸屬感，我認為社區連結就是一大關鍵。

宣恩說，他發起「算我一份」運動有個迫切的目的，也就是為年輕人創造更多的連結。正如他在訪談時說的：

你參與的愈多，就愈覺得自己是社區的一分子，與人的連結愈深，你看事情的角度也就有所不同……我人生的轉捩點就在我開始出現這種想法的時候：我的人生遠遠比此時此刻來得重要，不管現在發生什麼，我的內心多麼黑暗或絕望。我堅決相信，我的人生要比現今這一刻來得重要，要比任何一刻都重要。

宣恩的運動對覺得孤立的年輕人特別有幫助。這些年輕人在家遭遇困難或是面臨各種問題。他提到，有人能有好的轉變，有人則否，關鍵就在他們是否能改變自己的觀點或是思維方式。宣恩帶領的運動也提醒我們，在線上連結的世界裡，其實需要的是真正的人際連結，這種連結才能改變人生。宣恩發現，他們能幫助年輕人了解，自己的人生要比現今這一刻來得重要，不管遭遇到什麼樣的困難，只要你能與人連結，就能走出困境。

透過連結與合作，發揮無限潛能

我以許多研究和實例來說明合作如何徹底改變學生的成就與人們的生活。然而，這樣的理念和本書主題 —— 大腦成長、

奮戰與多角度學習——又有什麼關係？我從這幾年的研究以及我為本書進行的訪談發現，我們可利用合作與連結來引導學生及一般人掙脫束縛、發揮無限潛能。不管是連結、開會或是團隊合作都能帶來極大的成效，讓人更快樂、更有靈感。在本章的最後，我們將探討如何在教室、家庭及職場利用合作等策略來發揮無限潛能。

老師都知道團隊合作可能非常困難，特別是學生對彼此的潛力和表現差異可能有些負面想法。然而，老師也知道讓學生互相討論、與彼此的想法連結很重要，因此常面臨兩難的局面。同樣的，父母看到子女互動不好，甚至發生衝突，無法好好的分享想法和理念，也頗為頭痛。互動是積極或消極，這種差異取決於老師、父母或經理人是否能採取以下三種行動：（一）開放思想，（二）開放式指導，（三）擁抱不確定性。

（一）開放思想

為了與人互動良好，必須要有開放的思想，並發展開放的胸懷，學習尊重差異。如果老師能重視不同的思維方式，不管是數學、歷史、科學或是其他學科，學生就能欣賞別人的優點，對他人有正面的想法。很多老師抱怨學生在團隊合作時互動不佳，這大抵是因為心態封閉，認為只有一種想法、一個正確答案，不重視差異和多元化。如果能改變視角，就能改變人

與人互動的方式，不管是在教室或是在生活中。

幾年前，我以幾所高中的學生為對象，進行長達四年的研究。其中一所學校的學生團體互動良好。他們願意傾聽，尊重別人，也了解分享不同想法的價值。結果，我在那所學校看到一個難得的現象，也就是「關係公平」。[16]

以公平而言，通常會想到考試成績：所有學生的分數是否屬於同一個水準？我建議採行一種更重要的公平形式，也就是學生學習與人互動良好、尊重彼此。我和其他人[17]都認為學校的目標之一應該是培養能互相尊重的公民、教學生與人互動，並且重視他人的貢獻，而不要受到種族、階級、性別不同的影響，富有正義感，在社會中能考慮到他人的需求。要培養出這樣的公民，第一步就是創建一個學習環境，讓學生能學習這些。我們已知，學生在教室裡要學的，不只是各個科目的知識，還有很多東西。

我把公平的概念擴展到學生之間的關係。我假設如果學生能學習好好對待彼此、互相尊重，一旦他們走出學校，也就會用相同的態度面對別人。在我進行研究的學校裡，老師創造出一個讓學生互相尊重的環境，一開始讓學生就學習內容分享不同的想法。

例如，訪談者問學生：「你們認為數學要怎麼樣才能學得好？」學生答道：

能與他人合作。

有開放的思想，願意聆聽每一個人的想法。

你必須聽別人的意見，因為你可能錯了。

　　有的父母抱怨說，孩子只要顧好自己的功課就行了，為何成績好就要被「利用」來教別人。然而，我們必須教導學生，讓他們知道自己是社群的一分子，懂得互相幫助。學生必須了解自己對他人有責任。有一個學生說道：

　　我覺得這是一種責任。如果你發現你已經懂了，而別人不懂，你就該教他們。由於你們同在一間教室，別人跟你懂得一樣多才公平。

　　儘管父母擔心孩子因為成績好遭到「利用」，以數學課而言，願意幫助同學的人進步最多。[18] 根據我們的研究，他們的學習成就甚至勝過接受傳統教法、成績最好的人，因為他們願意花時間為同學解釋，也就能更了解學習的東西。學生如果能用開放的心態來看待學習內容，重視彼此之間的差異，也就能互相尊重。就像教學生思維方式，能讓他們從固定型思維轉為成長型思維，教學生重視不同的想法，也可以讓他們了解在其他領域也得重視差異和多元性。要擁有開放的思想，最重要的

做法就是著重成長和差異。

　　我在第四章介紹的荷莉・康普頓曾告訴她教的五年級學生：「每個人都有不同的理解方式，你總是有學習和成長的空間。」她說，學生了解這個道理之後，就不會那麼自我中心。現在，學生在互動的時候，不會堅持自己的想法或做法，知道別人有不同的想法，會這麼想：「你知道嗎？雖然我是這麼想的，但我知道別人能用不同的方法來解決問題。」能接受不同的想法，才能包容、欣賞別人。就像荷莉說的：

> 他們知道其他人也有好的想法，也知道他們應該開放思想，傾聽別人的意見，因為也許那是自己想不到的好點子。「或許我可以把你的想法加入我的想法當中」──對孩子來說，這樣的心態很重要。

　　很多教育改革者致力於改善學生的課堂學習經驗，找尋新的學習方法，例如運用很酷的科技。但請想像一下，如果學生在校外的學習和生活能與他人進行更多有建設性的合作，能敞開心胸聽人說話，也了解別人說什麼，並和別人對話，對學生來說，應該更有幫助。不只是課堂上的互動能變得更好，學生生活的很多層面也會有改變。

　　荷莉提到她在課堂上無意間聽見學生這樣互動：

今天，在教室裡，孩子互相挑戰彼此的想法。有一個孩子不同意另一個孩子的看法，但他說：「我想，我知道你在想什麼。」他解釋說：「我真的了解你的想法，但我認為應該是這樣。」另一個孩子則說：「噢，對，我就是這麼想的。」他們只是一年級的小朋友，竟然小小年紀就能從別人的觀點來看事情。

這些一年級的小朋友已了解思維方式和多角度學習的重要性，因此能開放思想，考量別人的觀點。如此一來，他們才能踏上不一樣的學習路徑，發揮無限潛能。

我在第三章提到，研究顯示，有成長型思維的人對別人比較沒有攻擊性。這是因為有成長型思維的人能改變對自我的看法。根據這項研究，固定型思維者認為自己無可改變，一旦做錯了什麼，也就更覺得羞愧，或許是因為惱羞成怒，才比較容易攻擊別人。如果他們能了解，沒有什麼是固定不變的，他們可以改變，就比較不會覺得羞愧，也能用不同的角度來看別人。他們不再把別人（甚至是對手）看成是無可救藥的壞人，認為他們即使犯錯，也能改變。這樣就能減少攻擊傾向，對人採取寬容的態度。

這些深刻的變化來自於開放的視角及開放的思想。我們才開始了解信念的轉變，對差異與成長從抗拒到擁抱，會如何影

響人與這個世界的互動。我們已經看到，信念的改變可以改善學習和健康，並減少衝突的發生。如果學生和孩子能互相合作，了解任何人都能改變和成長，也知道尊重不同的想法，就能大幅改善互動的情況。

（二）開放式指導

前面提到的開放思想能讓學生尊重差異和多元化。然而，要讓學生有這樣的觀點，則必須用開放的方式來教導學科內容。商務場合也一樣，如果能鼓勵人欣賞不同的意見和觀點，不但能更了解自己，也能用不同的方式對待別人。

首先，幾年前我們為八十三個學生舉行數學夏令營時，我開始思索思維方式、用開放的方式教學及互動方式之間的關聯。那年夏天，我們看到良好的團隊合作成果，學生不但樂於與人分享自己的想法，也能尊重別人的意見。在這樣的團隊合作中，學生互相幫助，討論所有的想法，因此有助於他們的學習和表現。

學生在接受訪談時表示，在夏令營，他們能做到團隊合作，在自己的學校則做不來。訪談者詢問差別在哪裡，他們解釋說，在學校時，他們總把工作推給一個人去做，其他人則在聊什麼衣服好看。但是參加夏令營時，每個人都得參與，他們會問彼此：「你是怎麼看出來的？你是怎麼做的？」於是學生

開始分享觀點，從各個角度看問題，所有人都很投入，沒有人能置身事外，因此團隊互動有了很好的起點。

參加夏令營的學生學習從不同角度探討問題，這是學習數學的一個好方法，他們也尊重其他人看問題、解決問題的方式。學生因此更看重彼此，不像以前在課堂上常抱持成見，一方面覺得某些同學比較厲害，另一方面則看不起某些同學。

在很多不同的情境下，都可以問別人他們是怎麼看的或是如何詮釋。在商務場合中，如果這樣詢問，歡迎每一個人提出不同的看法，不做評斷，也不期待答案，就能讓人覺得受到尊重，這樣就能改變關係，而且能有更好的成果。不管是任何老師、教任何領域，都可運用這種簡單的策略來幫助學生思考，增加他們的參與感。更重要的是，開放的態度能建立連結，帶來更有價值的對話，增進關係、思考與工作成果。之後，我將提出一些策略以幫助老師用開放的態度來教導學生，鼓勵學生提出不同的詮釋和想法。

（三）擁抱不確定性

為了本書，我總共進行了六十二次訪談。接受訪談的人常提到有個想法對他們與人互動有很大的幫助，也就是在跟別人說話時，不再堅持自己總是對的。這意味著他們比較能接受不確定性。這種新的觀點源於了解挑戰的價值與錯誤對大腦的助

益。如果你能明白掙扎奮戰的好處，就比較能採取開放的態度，並告訴自己，不一定在任何場合都要以專家自居。

珍妮・莫瑞爾（Jenny Morrill）就提到這點。她是教正念的老師，曾與寶拉・尤梅（Paula Youmell）合著《編織你的療癒智慧》（*Weaving Healing Wisdom*）一書。[19] 珍妮在書中分享了許多她教學生專注於當下的方法。我與珍妮進行訪談時，她描述發生在自己身上的一個有趣變化。儘管珍妮已是正念方面的專家，她說，有了腦科學的新知識之後，她的人際關係發生了很大變化。

在了解掙扎奮戰和大腦發展的價值之前，珍妮覺得自己「像一座孤島」。她描述說，與別人互動時，她總認為自己必須表現得像個專家，擔心洩漏自己的無知。我相信很多人都有這種感覺。由於她是老師，她認為自己必須什麼都知道。但珍妮改變了這種觀點，擁抱不確定性，也能用更開放的態度來面對其他老師。會有這種轉變，因為她不再在乎別人會如何評判她。珍妮描述她現在的觀點：

> 現在，即使我會因為不知道某件事而覺得不安，但我知道我用不著放棄，就算無法馬上了解也沒關係。畢竟身為教育者，我還有其他資源可以運用，可以增進自己的知識……以前我總覺得自己像一座孤島，必須

在人前擺出一副什麼都懂的樣子……現在，我不再抱
持這樣的想法。我想，我更會傾聽了。透過與人合
作，我得到成長，也學到了更多東西。我能用新的方
式與其他老師連結，所以我學得更好。我了解分享就
是真正的學習。由於我不再在意別人的評斷，也了解
自己的價值，我感覺自己就像變了一個人。

　　我不知道為什麼珍妮以前覺得自己像一座孤島，但她現在
變得開放──能與別人合作、願意傾聽、承認自己有弱點，也
能向別人學習──她的人生因此變得豐富。珍妮告訴我，不管
在哪裡，她不再認為自己是唯一的專家，而且鼓勵學生成為領
導者。她知道，學生也好，其他成年人也好，都可能是她學習
的對象。有了這樣的觀點之後，珍妮使自己的學生變得更好，
與同事及朋友的合作也更加融洽。

　　很多受訪者描述出現在他們身上的一個重要變化是，在他
們碰到阻礙時，比較知道如何應變。他們不會假裝自己什麼都
知道，而會尋求資源。珍妮提到她現在運用的一些資源：

　　我現在知道，即使出現在任何場合，我不必裝作自己
　　什麼都知道。但我可運用我的直覺、向同事求助、利
　　用 Google 查詢、看影片、看 YouTube 頻道等。例如

我不懂的數學問題可透過 YouTube 影片來了解……不管如何,我絕不會放棄學習。以前,我總覺得自己必須什麼都知道,什麼都能掌握。其實,那是一種固定型思維。現在,我不再這樣。我已棄絕那樣的想法……因此,現在碰到變化,我能更從容的應變。我也更願意承認我的不安,但我能學習度過難關。我愈放鬆,愈知道怎麼解決問題。

這種新的做法 —— 擁抱不確定性,而不是假裝什麼都知道,尋找資源以學習更多東西 —— 似乎能加強與他人的連結,使自己的存在更有意義。

我也建議與我合作的老師用這種心態來教學。如果學生看到老師總是呈現正確的東西,知道每個問題的答案,永遠是對的,絕不會犯錯,用不著掙扎,其實會給學生錯誤的印象。真正的學習並非如此。老師應該擁抱不確定性,以開放的態度承認自己並不是什麼都知道,也會犯錯。

如果你是老師,請與學生分享這樣的觀點,讓他們知道要具備任何專業,這是很重要的。我在史丹佛教大學部的學生時,會讓他們研究開放的數學問題。他們會從各個方向來解題,有些解題法甚至是我沒想到的。這樣的發現總讓我驚喜,我會承認:「真有意思。我沒看過這種解法。我們一起來研究吧。」

對學習者、經理人、老師和家長，擁抱不確定性是很重要的策略。你發覺，自己也有弱點，你承認自己也有不懂的地方，其他人就會加入，很快的，大家就會一起分享各自的想法，會有更好的成效。如果你是父母，在和孩子討論時不要認為自己是專家，你該扮演的角色應該是思想的夥伴。如果你請孩子教你一些東西，他們應該很樂意這麼做；這樣不但會讓他們感到驕傲，也能加強他們的學習。

如果有不了解的地方，可以向孩子承認，但你還是要設法找到答案。別假裝自己知道。好奇、從發現的過程找到快樂才是更好的心態，因為這樣你才可以發現新東西。有時，在解題時，我老實對我的史丹佛學生說，我不知道接下來要怎麼做，請他們幫忙想想。他們總是很高興有機會能與我一起腦力激盪，也從中學到很多。他們可以了解不確定性加上求知的欲望，就是學習任何東西的好方法。

如果你想學習新東西，但是沒人跟你討論，你可以上網找找，如加入聊天室或是利用社交媒體認識志同道合的人，向他們求教。幾個月前，我們邀請 youcubed 網站的追隨者加入我們的臉書社團。現在這個社團已有一萬八千人。我喜歡看大家在社團中提問題，請大家幫忙。有些問題，老師應該知道怎麼解決，但有時數學老師也會卡在某些點上 —— 結果有二十個人跳出來提供意見，跟大家一起討論。

我欽佩那些提問的人，因為他們願意承認自己不會，請求別人幫助。也有人願意分享自己正在研究的東西，請別人看看自己的想法如何，我很高興看到這樣的互動。不要把與你一起工作或學習的人看成是競爭對手。他們是你合作的對象，你該用開放的態度來面對他們，並和他們建立長遠的連結。開放思想、擁抱挫折、探索不同觀點，這些都是改變人生的關鍵。

鼓勵合作的策略

　　我教的學生，從中學到大學，各個年齡層都有。我會採用幾個策略以鼓勵學生溝通。除了在教室，這些策略也可在公司運用。首先，我會要求學生分組針對自己的好惡進行思想訓練，接著再要求學生合作解決問題。

　　我讓學生和小組成員討論，一起解決問題時，他們討厭別人出現什麼樣的行為。學生總是有一些有趣的想法，重要的是讓他們有機會說出來。例如：「我討厭別人告訴我答案。」「我不喜歡有人說：『這很簡單啊。』」「我討厭看到別人解題的速度比我快。」或是「我不希望別人拒絕我的想法。」我在教室裡走一圈，蒐集每一組的意見，把這些意見寫在海報上。

　　然後，我要每一組學生分享他們喜歡在合作時看到的。有

人說：「我喜歡別人問我問題，而不是告訴我要怎麼做。」還有：「我喜歡分享彼此的想法。」「我喜歡別人傾聽我說的。」我從每一組蒐集這些意見，寫在海報上。我告訴學生，我會把這兩張海報張貼在教室，提醒他們在團隊合作時多加注意。

第二個策略是從我的朋友凱西‧韓福瑞那裡學來的。凱西也是老師，她的策略則是從英國數學教育家那裡學習的。我會在教數學時運用這樣的策略，也就是教學生理解和推想，其實任何科目的老師都可以利用這個策略，其中包括提出不同的想法、為自己的想法解釋、說明想法之間的關聯。這種思考在任何領域都很重要。科學家經常必須透過可行的案例來證明自己的理論，要推翻別人的論點，也得提出例子，但數學家則必須透過推論來證明自己的想法。

我告訴學生，要提出想法，並說明想法之間的關係。這點非常重要。我也教他們必須說服別人。說服可分為三個階段。最簡單的一個階段是說服自己，其次是說服朋友，最難的是說服懷疑的人。

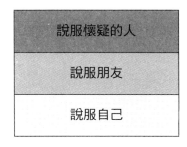

說服懷疑的人

說服朋友

說服自己

我也告訴學生，我希望他們互相質疑，例如問對方：「你怎麼知道可以這麼做？」或是「你可以證明給我看嗎？」參加夏令營的學生學會互相提問質疑，他們喜愛自己扮演的角色，紛紛在教室裡提問或推論給別人看。看到學生有這樣的表現，讓我們非常欣慰，畢竟了解你與別人的想法有所連結，就能創造更深一層的理解，不只數學，其他學科的學習也是如此。

　　有些學生非常喜歡合作，有些則很討厭。討厭團隊合作的學生通常是因為沒有好的合作經驗。也許團隊的組成有問題，或是問題過於封閉，也有可能學生不知道如何傾聽別人、尊重別人，沒有開放的思想。但對大多數學生來說，進行討論時，學習的內容就變得生動，特別是學生思考如何用不同角度來解決問題，為什麼他們的想法有用，或是該如何運用這些想法。

　　很多人認為，高品質的學習是獨自一人默默努力。藝術家描繪的思考與學習總是一個人沉思的雕像。最著名的例子莫過於十九世紀雕塑大師羅丹的「沉思者」——一名男子蹲坐在石上，右手托著下巴，眉頭深鎖，顯然陷入沉思。但思考的本質不是孤立的。即使獨自閱讀一本書，思想也在與另一個人（也就是作者）互動。也許學習的本質就是與他人的想法連結，將之納入我們的思考當中，進而運用在新的領域上。

　　如果你能接受不確定性，不再假裝什麼都知道，尋求更多學習的資源，就能為人生開闢新的路徑。如此，你就能掙脫束

縛，躍入無限的境地。我經常在史丹佛同事身上看到這點。有人碰到挑戰就放棄了。例如，有人說：「我不知道怎麼使用這種軟體。」願意接受挑戰的人則會說：「雖然我沒使用過這種軟體，但我可以學習。我可以看影片教學、問別人或是自學。沒問題的。」我常見到這兩種人，對願意接受挑戰的後者，我總是欽佩萬分。他們不會畫地自限，因此人生有無限可能。這樣的人因為善於利用機會，也比較有成就。

如果你認為自己必須什麼都懂，那壓力會很大。很多人因為學習了腦科學，了解掙扎奮戰和開放的價值，有如釋重負之感。當你踏入會議室或教室，是否常常擔心自己知道的不夠多？如果你能承認自己有很多不懂的地方，也願意承認自己碰到困難，你將會大大鬆一口氣。如果你不再假裝自己什麼都知道，能擁抱不確定性，就能用不同的方法解決問題，也能帶來更多有益的互動。如果你能用這種方式與人交談，也有助於公司順利運作，增進友誼，大家比較能放鬆，工作效率也會更好。

數學常被描述為最獨立的一門學科，其實數學就和其他學科一樣，建立在思想的連結之上。新的思想和方向來自人們互相討論、推理，提出自己的想法，並考慮到彼此如何連結。有些資優生的父母對我說：「我的孩子能正確答題，為什麼要解釋這麼多？」如果父母這麼說，就錯過了非常重要的一點——數學是關於溝通和推論的學問。

康拉德‧沃爾夫勒姆（Conrad Wolfram）是著名的知識型計算引擎 Wolfram Alpha 及沃爾夫勒姆研究公司（Wolfram Research）的創建者。他告訴我，如果一個人只會自己解題，不能告訴別人他是怎麼做的，再怎麼優秀，他都不能雇用，因為這樣的人無法跟團隊一起合作解決問題。團隊在解決問題時，所有成員必須溝通彼此的想法，讓他人與自己的想法連結。透過批判與評估，也可去除錯誤或不相關的想法。如果無法溝通某個想法，或不能告訴別人自己是怎麼想的，就無助於團隊解決問題。我認為這個原則適用於所有領域。不管在數學、科學、藝術、歷史等任何領域工作，都必須對人解釋與溝通。這樣才能有效解決問題，對公司或其他團隊有更大的貢獻。

本書介紹的六把金鑰有助於改善溝通，進而為自己的人生創造更多的機會。很多人因為受到束縛，而無法與人溝通，擔心自己說錯，怕說得不好被貶低，或是被別人批評。如果你了解思維方式、大腦成長、多角度學習與掙扎奮戰的好處，就能掙脫束縛，海闊天空，擁有無限的觀點，不再害怕被批判。若是你能擁有開放的思想，擁抱不確定性，願意與人分享你的想法，能與人合作，就能想出更多的解決之道。這種合作能改善你的人生。看來，最好的合作始自以不設限的觀點來看別人，以及願意考慮種種想法。

結論
人生不設限

　　我們無時無刻不在學習。一提到學習，也許會聯想到學校和大學，其實，學習的地方不限於此。生活的時時刻刻都可以學習，我們有無數機會可以與人和思想連結，而且你可利用本書的學習金鑰，發揮潛能。我寫這本書的目的，是為了讓你能增強各種互動，使你過著充實的人生，並與人分享你從本書學到的東西，幫助別人解開束縛。

　　瑞士學者溫格（Etienne Wenger）創建了一個重要的架構，以幫助人思考不同的學習方式。他說，學到東西的時候，不只是獲得知識或取得更多事實及訊息，學習能使人脫胎換骨。[1]我們學到新的想法時，就能用不同的眼光看世界——我們將有不同的思考方式，也會用不同的角度來解讀發生在我們身上的每一起事件。正如溫格所言，學習是身分成形的過程。心理學家過去常把身分看成是一種固定的概念，認為我們只有一種身分，從幼小的時候開始發展，成形後在這一生都不會改變。但最近的研究賦予身分較為流動的意義，認為在人生

的各個階段，都可能擁有不同身分。例如，除了描述你是做哪一行的或是在家庭中的角色，也可介紹自己是某個運動團隊的成員。寫這本書是因為我知道，如果了解大腦的發展、思維方式，以及多角度的深入思考和合作思考，真正的自我就能獲得解放。這些想法不會讓我們變成不同的人，卻可以讓人獲得自由，發展已擁有、但尚未實現的潛能。

為了準備寫這本書，我和我的研究團隊與六十二人進行訪談。他們來自六個國家，年齡介於二十三到六十二歲。我在推特說，我已介紹了很多腦科學新知及思維方式，如果有人得知這些理念之後，覺得自己有所改變，請與我聯繫。接下來的幾個月，有不少人回覆，也接受了我們的訪談。訪談結果讓我頗為意外。我原本預期聽到有趣的故事，像是受訪者的感受和思維方式如何發生變化。基本上來看，他們都採用不同的思維方式。但我聽到的不止於此。受訪者描述種種改變，包括與人的連結、用不同的心態面對新的想法和學習、教養兒女的方式以及與這個世界互動的方式。

我們鼓吹改變的第一個理由是關於大腦成長。這是基於神經可塑性的研究。我們的受訪者很多人原本都認為自己能力有限，有些事他們就是做不來。也許這些受訪者關注我的研究領域，追隨我的推特，因此很多人談到自己學習數學的能力，其實他們也可提到其他領域或技能的學習。但他們發現自己也能

學數學，就改變了有關學習的看法，了解一切都是可能的。

安琪拉・達克沃斯向世人介紹恆毅力的概念，告訴我們鍥而不捨的往某個方向努力能有什麼成果。[2] 儘管恆毅力非常重要，但我們的視角會變得狹隘，只看到可能帶來的成功那一件事。世界級的運動員都必須具有恆毅力，專注在一個目標，不管其他事。達克沃斯也強調選擇、專精的必要。但這只適用於一些人，未必對所有人都是最好的做法。我知道有人專心、堅定的走上一條路，但最後並沒有達成夢想。他們覺得被困住了，無法改走其他路徑。

恆毅力的概念聚焦於個人，但學者指出，更公平的結果往往來自社區的幫助。[3] 很多年輕人能出類拔萃、突破障礙，很少是靠個人，大抵是靠老師、父母及其他家人、社區人士等人的協助。恆毅力並沒有提到這點，也許讓人認為，他們只要夠專注、有決心，只靠自己的力量也能成功。

釋放自己的無限潛能和恆毅力不同。這是指心靈和身體的自由，以一種有創意、靈活的方式來過生活。我相信這對每個人都有幫助。以無限的視角來看人生，也許一樣堅定、有決心，但不一定只往一條路走。自由與創造力可為人帶來恆毅力，但恆毅力未必能帶來自由和創造力。

寫到這篇結論時，我發現有個非常了不起的英國年輕人。他名叫亨利・傅雷瑟（Henry Fraser）。他出版了《最重要的

小事》（*The Little Big Things*）一書，[4]為這本書寫序的則是《哈利波特》的作者 J. K. 羅琳。我一讀到這本書，就設法跟他聯絡。他在書中詳述自己的不幸遭遇。他去葡萄牙海邊潛水，發生意外脊椎受傷，結果終生四肢癱瘓。

亨利正要升高三。他對運動很狂熱，是橄欖球校隊。在高二暑假，他和一群橄欖球隊友接受邀請去葡萄牙玩幾天，享受那裡的陽光。假期第五天，亨利潛水時誤判水深，頭撞到海底的礁岩，脊柱因而嚴重受傷，手腳不能動彈。

接下來的日子，亨利接受了多次手術，術後躺在加護病房。他的父母焦急萬分的從英國趕來，陪伴著他。在亨利開始復健時，有一天他看到自己映照在玻璃上的身影 —— 四肢癱瘓，坐在輪椅上。儘管很多人都預料到他會變成這樣，但他無法承受如此巨大的打擊。他崩潰了，突然了解這一生已經完了。

在這段期間，亨利整整有五個星期未曾離開病房，長達一個半月不能進食、喝水。漸漸恢復之後，他發展出一種全新的思維方式，人生因而有了轉機。他第一次曬太陽時，心中充滿感激之情。他能不靠呼吸器、自在的呼吸時，感到極度的快樂。很多人寄卡片給他，祝他早日康復。他讀著卡片，覺得謙卑、感激。亨利因而決定拋棄後悔，選擇感恩。很多和亨利有類似遭遇的人都會怨天尤人，儘管亨利頸部以下完全癱瘓，他還是快快樂樂的過日子，把握每個學習的機會。亨利說：「人

生的挑戰是無可避免的，但你可選擇不被擊垮。」他的思維方式是我們可以好好學習的。

亨利適應輪椅生活之後，就開始學畫——用嘴巴咬著筆作畫。他的畫作令人驚豔，而且在英國各地的畫廊巡迴展出。亨利寫的書登上暢銷榜，鼓舞了全世界的讀者。亨利是怎麼辦到的？在發生不幸的那個夏天，他滑落到人生谷底，之後是怎麼爬起來的？他沒有陷入沮喪，反而成了成功的畫家，鼓舞數百萬人。這是因為亨利相信，如果努力嘗試，就能有所成就。

撞上礁岩那天，以及看到自己坐在輪椅上的樣子，亨利或許覺得自己徹底困住了。但他選擇掙脫束縛，突破限制，對自己的潛能和人生抱持正面信念。亨利在書末寫道，常常有人問他，發生不幸的時候，是否覺得萬念俱灰，反覆問道：「為什麼是我？」他的回應是：

> 我看著提出這個問題的人，告訴他們，我每天早上起床，都懷著感恩的心，感謝生命的一切……每天醒來之後，都能做自己喜歡的事。我必須多方面、用各種方法驅策自己。我總是在學習，不斷向前。能這麼說的人應該不多。當我這麼看自己的人生，就覺得自己很幸運。我能擁有這麼多的快樂，有什麼好沮喪的？往者已矣，來者可追，一直糾結過去應該如何，又有

什麼意義？如果你總是看自己能做什麼，而非不能做什麼，人生就簡單、快樂多了。

每一天都是好日子。[5]

心理學家研究，懷著對人生的感謝，和許多正面的結果有關。如專門研究感恩的心理學家艾蒙斯（Robert Emmons）發現，感恩與幸福感息息相關。[6]艾蒙斯說，懂得感恩的人比較快樂、有活力、EQ 高，也較不容易沮喪、寂寞或焦慮。[7]更重要的是，這樣的人不是因為他們比較快樂，所以有感恩之心。藉由訓練，可以讓人更懂得感恩和快樂。研究證明，人如果透過訓練而比較有感恩之心，也會變得更快樂、樂觀。

亨利選擇感恩——對生命中每一件小事都充滿感激之情——這種心態對他的人生和日後的成就有重大影響，幫助他克服艱巨的挑戰。亨利的故事不只讓我們看到感恩的影響，也讓人了解自我信念具有神奇的力量，幫助人達成很多人認為不可能的事。

亨利選擇積極面對人生，他的任務就是「總是看自己能做什麼，而非不能做什麼」。如果我們也能有這樣的思想，就能得到莫大的好處。

如果放棄了某件事，認為自己做不到，很少是因為實際限制，[8]其實是因為已經認定自己做不到。我們很容易有這種負

面、固定的想法，特別是當開始衰老，體力和腦力都比不上年輕時。北卡羅萊納大學心理學教授圖倫（Dayna Touron）針對六十歲以上的成年人進行研究，發現衰老有一部分源於自身的想法。[9] 在她的研究中，受試者必須比對兩張表中的單字，看哪些字同時出現在兩張表中。研究人員發現，有些人得以靠自己的記憶力來完成，但很多人都認為自己記憶力很差，於是費力的交叉檢查這兩張表來找尋類似的字。

在另一項研究中，年輕與年紀較大的受試者做計算的題目。[10] 研究人員發現，年輕受試者記得先前計算得到的答案，並運用在新的題目中，但年紀較大的受試者則每一次都重新計算。這個研究和第一個一樣，年紀大的人已發展出可使用的記憶，但是他們對自己的記憶力沒有信心，因此不用，能力就受到了限制。研究人員還發現，避免運用自己的記憶力和缺乏信心會影響日常活動的表現。如果認為自己做不到，這種預期心理會影響我們的行為，最後果真做不到。要是相信自己做得到，通常可以成功。

年紀大的人往往以為他們只會衰退，而且無能為力。如果他們能夠認知大腦會不斷變化，因此任何年紀都能學習複雜的技能，那將會有很大的幫助。隨著年齡增長，很多人認為自己的能力會愈來愈差，因此人生做的很多決定都會受到影響。由於他們相信自己做不了那麼多，也就做得更少，果然出現他們

擔心的認知能力減退問題。研究顯示，退休不是終點，而是新的起點，即使年紀大、退休了，也能面對新的挑戰，掌握很多學習機會。根據研究，年紀大的人如能嘗試更多休閒活動，得失智症的機率可減少 38%。[11]

德州大學研究行為及腦科學的派克教授（Denise Park）探討老年人的大腦發展情況。她把受試者分組，每一組的人每週利用十五個小時進行某一種活動，為期三個月。[12] 有的小組接受老師的詳盡指導，也得專注、運用長期記憶力，如學習做拼布被或攝影，有的小組做的則是比較被動的活動，如聽古典音樂。三個月後，只有學習拼布被和攝影等需要主動學習者的內側額葉、外側顳葉和頂葉皮質出現顯著、長久的變化。這些區域都和注意力及專注有關。很多研究指出，培養自己原本不熟悉的新嗜好、長時間投入學習之後，能刺激大腦成長。從事新嗜好、上新的課程，經過專注學習並通過困難考驗之後，對大腦成長大有好處，甚至畢生都能受益。

接受我們訪談的一些人提到，他們改變思維方式之後，知道自己什麼都能做，其他人不再能阻擋他們，就能了悟心靈與人生的無限可能。他們若是碰到障礙，就會設法繞過，想出新策略，嘗試新方法。如果我們掙脫限制，相信什麼都能實現，人生的很多層面也會跟著改變。

貝絲・包威爾（Beth Powell）在一所特教學校服務，她一

直運用大腦成長、多角度思考及思維方式來協助學生，幫助他們為未來描繪新的藍圖。她說，如果老師和學生都相信新的可能性，走上開放的路徑，就會出現不可思議的結果，也就是她所說的「奇蹟」。但貝絲最近發現，她似乎需要用成長型思維來看待自己的怪病。

情況嚴重的時候，她甚至無法工作，而醫師卻找不出病因。他們為她做了一堆檢驗，仍看不出任何問題，醫師下結論說，應該沒事。其他人如果碰到同樣的事，大概也會放棄，接受醫師的說法。貝絲想到，也許她該把多角度思考方式用在自己身上。常常，學生會向她傾吐苦惱，請她幫忙。從學生的成績來看，他們並沒有任何問題。這時，貝絲會考量學生整體的情況，而不會只看他們的成績表現，然後認真思考他們說的問題。貝絲想，她也應該這麼看待自己的問題，因而求助於全人醫療科的醫師。他們終於找出貝絲的病因，幫助她復原。

貝絲說，她一度考慮放棄工作，靠殘障津貼過活，但她想起學生了解大腦變化後的轉變。她想，自己的問題不也是一樣？她需要相信身體能有改變。既然傳統醫師無法為她診斷、治療，她不能在此止步，得決定繞過這個路障，找出新的路徑。貝絲採取行動的那一刻，也就解脫束縛，因而得以重獲新生。接受我們訪談的很多人都有這樣的遭遇。他們碰到阻礙，但下定決心要繞過去。儘管所有人都要他們向限制低頭，他們

還是不願罷休，設法用不同的方法來解決問題。

現在，貝絲已回到學校工作，幫助學生擺脫種種加在他們身上的標籤和限制。由於她自己是過來人，一度認為自己得了無藥可醫的怪病，好不容易才恢復健康，她現在更願意幫助學生。在訪談時，貝絲說，有些學生從別的學校轉過來時，常會附上這樣的報告：「該生有嚴重的行為問題，無法學習。」但貝絲拒絕相信這點。她說，只要你給學生學習機會，相信他們的潛能，沒有什麼是不可能的。

常有老師問我，學生學習動機低落，沒有學習意願，該怎麼辦？我深信，每個學生都想學習，他們會表現出沒有學習動機的樣子，可能是因為某個人、在某個時候告訴他們，他們沒有某方面的才能，永遠不能成功。一旦學生能拋開這種有毒害的想法，就能開闢一條學習路徑，充滿學習動機。

貝絲對學生深具信心，因為多年來她親眼看到種種令人驚奇的轉變。由於她能從成長型思維來引導學生，利用多個角度切入內容，儘管學生一開始有學習差異，最後都能開創新的未來，撕掉貼在自己身上的負面標籤。她說：「拜腦科學之賜，我經常看到奇蹟。」

如果要擺脫束縛、讓心靈無限開展，第一個關鍵就是要了解我們都能改變與成長，而且能拋開種種限制。更重要的是，不要再糾結自己哪些方面不夠好。很多人一輩子都覺得自己不

如人，通常是因為老師、老闆、父母或其他家人讓他們有這種感覺。如果你一直覺得自己不夠好，一碰到失敗或錯誤，就很容易被擊敗。一旦你了解那些負面的、限制性的想法其實是錯的，困難和失敗就會變成大腦成長的契機。你會覺得自己充滿力量，不再羞愧。

第二個重要關鍵是了解掙扎與犯錯對大腦有益。我們可以用兩種心態面對錯誤 —— 一種是悔恨，另一種則是積極，認為這是學習的機會，有益於大腦成長，也能帶來更好的結果。我練習用正面、積極的態度來面對錯誤，心想這麼做可能每天都能得到好結果。有時錯誤是良性的、容易修正的。有時或許會有不良結果 —— 儘管最初是如此，之後還是可能帶來好的結果。錯誤是人生的一部分。你的人生選擇愈勇敢，可能犯的錯誤就愈多。儘管擁抱錯誤不會使錯誤變少，但你可以選擇用正面或負面的心態來看。如果能用正面的心態來看，就愈可能發揮無限潛能。

哈佛大學神經科醫師薩繆爾斯（Martin Samuels）就以正面心態來看錯誤，儘管醫療是一個無法容忍錯誤的行業。醫學界認為失誤可能會導致病人死亡，領導者發表論文和診療指引，敦促每位醫師不惜一切代價避免錯誤。如果對錯誤零容忍，教人如何用正面態度來看錯誤？

薩繆爾斯是少數能擁抱錯誤的醫師，他認為錯誤能帶來知

識的發展。他不會因為犯錯而痛心疾首、怪罪自己，而是仔細記錄、分類，在會議和其他場合與人分享。他在醫療部格落發表了一篇題為「為錯誤辯護」的文章，論道如果沒有錯誤，「醫學思想就不可能有任何演進」。他主張，與其害怕錯誤，不如接受錯誤，把錯誤當成學習的機會，而不是恥辱。醫師該把矛頭對準真正的敵人，也就是疾病。[13] 薩繆爾斯因為對錯誤採取開放、正面的態度而學到東西，成為更好的醫師，也幫助同行踏上學習和成長之路。

　　擁抱掙扎、選擇難走的路，也很重要。如果你習慣每天做同樣的事，日常生活變得公式化，大腦就不大可能發展出新的路徑與連結。但是，如果經常挑戰自己，不怕面對困難，設想新的方式、接觸新的想法，大腦就能愈來愈敏銳，人生也會變得更好。

　　面對人生的另一個重要關鍵則是從多個角度來看。其實，不只是日常生活，學習任何學科（從幼兒園到研究所）也可採用這種方法。當你因為某個任務或問題卡住了，如果能從不同的角度來思考或是利用對比，例如從單字到表格、從數字到圖像，或是從算法到圖形，也許就能找到答案。

　　如何完美的把蛋糕平分給所有人一直是個世紀難題。儘管有很多數學家嘗試過，但從未找到解答。直到二〇一六年，兩位來自美國的年輕電腦科學家亞濟茲（Haris Aziz）和麥肯

吉（Simon Mackenzie）有了重大突破，找到能在任何情況下完美平分蛋糕的演算法，讓彼此不會嫉妒或羨慕別人分得的結果。[14] 這個切蛋糕理論不只限於分蛋糕，可換成任何連續物件的分配，如土地等。之前數學家構造了有效的證明，可惜是「無上界」的分法，如依據參與者的偏好變化，有可能需要切百萬次、十億次，或者任何龐大的次數。有些數學家認為這或許是最好的解法了。

但那兩個年輕人決定用不同角度來看問題。儘管他們的數學知識不及嘗試解答的數學家，但數學知識不足反倒幫了他們。他們不受限於自己已知的，因為知道的比較少反而獲得自由，得以用創意來解決問題。

很多人說亞濟茲和麥肯吉真是初生之犢不畏虎 —— 儘管他們不是數學家，沒有高深的數學知識，卻可解開連數學家都解不開的難題。可見知識有時可能會抑制思考，扼殺創造性的思想。[15] 因此，你要解決某個領域的問題，有時必須跳出這個領域來思考。亞濟茲和麥肯吉認為他們能有重大突破，正因他們的數學知識比較少，因此能用不同的角度來思考。

現今，學校、教育機構和很多公司非但沒有大力鼓勵不同的思維，有時甚至不喜歡或否定非常規的想法。學校的目的在傳授主流知識，即使有些主流知識已經過時、不是唯一的思考方式，也不是解決問題的最佳方式。這點應該改變。

在切蛋糕的難題解決之前，數學家認為他們知識不足，所以不能解決問題。他們非但沒有積極尋找適用於任何案例的分配方法，反而努力證明這是個永遠無法解決的難題。亞濟茲和麥肯吉用新的角度來看問題，並為數學研究開闢新的路徑。

除了用不同的角度及創造力來思考、擁抱改變，要擁有無限心靈還需要用不同的方式與人合作。有個好方法是以分享想法為前提與人互動，即使你對自己的想法沒有把握也沒關係，不要假裝自己是專家。以開放的態度來學習、與人互動，別裝出一副很厲害的樣子，每個人都能得到好處。

經理人或領導人以身作則，就能實現開放性的合作。如果他們說「我對這點不了解，但我願意學習」，其他人也就能大膽擁抱不確定性、樂於學習。如果他們願意傾聽，並擴展自己的理解範圍，不怕犯錯，甚至勇於認錯，就會影響一起工作的人。不只是公司或機構的經理人或領導人，如果老師和父母也能這麼做，就能建立開放、成長的文化。

馬克・卡薩（Mark Cassar）是多倫多一所中小學的校長。他一直努力灌輸成長型思維給全體師生。我去他們學校參訪，看到他們採用多角度教學，不禁喜出望外。該校有些七到十歲的學生接受我的訪談。學生眉飛色舞的提到他們是怎麼上課的。我發現這是個包容錯誤的學習環境，學生都有正面的自我信念，認為自己能學習任何東西。*馬克說，我提出的思維方

式、創造力和多角度思考對他有很大的影響，他因而想要改變教學方式，也想用新的方法帶領師生。馬克還說，他對錯誤有了不同的評價，這對他的領導很有幫助：

> 我現在比較不會為了自己犯的錯而自責。我決定放過自己，讓自己好過些。我會對自己說：「馬克，錯誤沒關係，只要你能從錯誤學習。」由於我身為校長，孩子犯了錯，我也用類似的態度對待他們。我說：「沒關係，只要能從錯誤學習，錯誤就是件好事。你學到什麼了呢？我們如何成為更好的人，繼續向前？」這種心態改變了我自己，也因此能用不同的方式當校長。
>
> 如果你像我一樣，一天到晚都有問題要處理，很容易有失誤。成長型思維讓我反思：「我是怎麼做的呢？下次如何能做得更好？」如果沒讀過你寫的東西，永遠也不可能這樣做。你的研究幫助我反思，成為一個有批判力的思想者。
>
> 有一次學生犯了錯，我必須處理。那時，我依據心中

---

* 這個學校的教學法及該校學生的影片，請參看：https://www.youcubed.org/resources/an-example-of-a-growth-mindset-k-8-school/

的那把尺，認為我是對的，他們是錯的，但後來了解事實，才發現我是錯的，他們是對的。我了悟到一點，我不能因為身為校長，就認為自己不用進步。即使你是老闆，並不代表不管你怎麼做都是對的，不會遭到非議。後來，我向學生坦白：「我想，我錯了。你們沒錯，錯的是我。下次，我會處理得更好。」這件事對我影響很大，讓我知道如何待人處事。

在馬克的帶領之下，每個老師都擁有成長型思維，利用多角度方式教學，他們也看到學生因此熱愛學習，學習成就提升。其中一個重要改變就是，他們會一起努力改良評量和測驗的方式。老師也了解到有一點很重要 —— 他們不能一面告訴學生錯誤對學習非常有用，另一方面又為了學生在測驗時犯的每個錯誤而懲罰他們。

老師依然必須評估學生的學習情況，但他們不是只給學生打分數，懲罰錯誤，而是根據評量指標，給學生診斷性的評語，告訴他們如何增進表現 —— 在我看來，這是老師能給學生最好的禮物。馬克說，起先學生一直在找成績，因為他們在意的就是這個數字，畢竟學校向來重視表現文化（而非學習文化）。現在，學生看到評量指標，了解自己的程度在哪裡，看了老師寫的評語，就知道如何改進了。評量方式的改變讓學生

知道，他們該重視的是成長和學習，而你可以用這種評量來引導他們。[16] 馬克學校使用的評量指標參看本書附錄 II，若想進一步了解，也可上我們的學習網站 youcubed.org。

　　馬克及他們學校的老師努力讓學生了解自己的無限潛能。很遺憾，在今天的社會，仍有很多學生和成年人用固定型思維來看待自己的能力和情況。有些人因為父母的關係，而被負面思想束縛，認為自己不夠好。孩子可能因為在課堂上的互動不佳或是有人不相信他們，認為他們無法學習而自我設限。如果學習內容單調、乏味、一堆重複的東西，學生可能學習動機低落，缺乏學習意願。這個世界會用千百種方式教我們否定自己的能力，讓我們對自己失去信心。如果能夠掌握學習關鍵，不管在什麼情況下，都能克服障礙。

　　我們若能從固定型思維轉變為成長型思維，就能破解學習與人生的種種限制，相信自己能學習任何東西。思維方式能有這樣的轉變，就能有獲得新生的感覺，不再認為自己不夠好，願意冒險、嘗試。一旦了解掙扎和失敗對大腦成長有幫助，就能把這些考驗看成學習的機會，掙脫束縛。一旦開始把自己的思維看成是有彈性的，而非固定不變的，也能看到人生的無限可能。要是能用多個角度來切入學習內容，面對人生問題，與他人合作，而不是把其他人看成競爭者，不只能改變對自我潛能的看法，也能用不同的觀點來看生活中所有的互動，也將了

解人生路上的種種障礙是可以利用策略移除的。

如果我們變得靈活、有彈性、有適應力，不但能改變思維，心靈和精神也不一樣了。面對路障時，會設法繞過去，拒絕接受別人的負面評斷。有些人不只是能改變自己的人生，甚至能當領導人或大使，幫助別人破解人生的限制。即使是小孩，如果能了解大腦成長、改變、錯誤的意義與多角度思考，也能與周遭的人分享這些概念。

尚恩·艾科爾（Shawn Achor）在《哈佛最受歡迎的快樂工作學》（*The Happiness Advantage*）一書努力破除自我設限的迷思。很多人認為如果他們更努力、找到更好的工作、有個更完美的老公（或老婆）、瘦個五公斤等（或任何你想達成的目標），就會更快樂。但很多研究顯示，這是老舊的想法。如果能用正向心態來看人生，就能更有動機、充滿動力、創造力，也能更有成就。正如他說的：「快樂是成功的燃料，反之則不然。」[17] 艾科爾以自己的童年往事來說明正面思考的重要性。

話說在他七歲那年，有一天他和五歲的妹妹在雙層床的上鋪玩。父母告訴他，說他們要睡午覺，他和妹妹最好安靜。由於他是哥哥，必須負責照顧妹妹。尚恩決定和妹妹玩打仗遊戲，他帶領美國大兵與妹妹的獨角獸和小馬作戰。

於是這兩兄妹把自己的玩具排成一列，準備發動攻擊。沒想到，兩人玩得太興奮，妹妹摔到床下。尚恩聽到砰的一聲，

探頭一看，妹妹愛咪已趴在地上。那一刻，他真是嚇壞了，不只是妹妹可能受傷，她即將嚎啕大哭，把爸媽吵醒。他回憶道：

> 情急生智，我那小腦袋終於想出一招。我說：「愛
> 咪，等等！你看到你是怎麼著地的嗎？沒有任何人能
> 像你這樣著地。因為……因為你是獨角獸！」[18]

尚恩知道，妹妹最大的心願就是當獨角獸。妹妹聽他這麼一說，不但沒哭，反而興奮不已，以為自己真的變成獨角獸了。她展露笑容，爬到上鋪繼續玩。

對我而言，這是個感染力很強的故事。這個故事告訴我們，人生充滿無限的選擇，就看自己怎麼做。可以選擇消極或積極，也可以選擇用什麼樣的角度看這個世界，改變未來。儘管我們沒有像尚恩這樣的哥哥，說我們可以變成獨角獸，但我們有知識 —— 知道如何面對失敗、發展正向的思維方式、運用多角度思考和創造力來解決問題 —— 更重要的是，我們知道自己的反應如何塑造未來的結果。思維方式的改變不只是改變我們對現實的思考方式，而是真的能改變現實。

多年來，我一直從事教學工作，看過不少學生 —— 不管是兒童或是成人 —— 因為受到束縛，而不能發揮潛能。幸運的是，我有機會讓他們了解，他們能做任何事情，沒有什麼可

以限制他們。我也看到他們的正面思考如何影響周遭的人。因此，當他們像愛咪從上鋪摔下來，他們不會哭，反而認為自己是獨角獸。

最後，我要給各位的建議是，**擁抱挫折和失敗，勇於冒險，不要讓別人擋住你的路。**如果你碰到障礙或路障，想辦法繞過去，也可以走上一條不同的路。在工作崗位上，你可探索新的路徑。如果你的工作不許你這麼做，也許你該考慮換工作。總之，不要接受有限制的人生。與其糾結於過去的失敗，不如向前看，尋找學習和改進的機會。把別人當成是合作者，一起成長、學習。與他們分享不確定性，用開放的態度接受種種不同的想法。如果你是老師或經理人，設法了解學生或同事的想法。重視不同的思考方式，尊重不同的觀點和做事方式。解決問題最美妙的地方在於用多角度切入，從各個角度來看問題、解決問題。人生有許許多多的面向值得我們重視，任何領域也是，不管是數學、藝術、歷史、經營管理、運動等。

嘗試用不設限的方式來過每一天，就能感受到差異。如果你能讓人掙脫束縛，走上自己想走的路，你將發現你改變了他們的人生，而他們也會繼續向前，改變別人的人生。這是一個良性循環。對自己及所有的學習者來說，最重要的就是要知道自己有能力追求任何目標，成就夢想。儘管有時會失敗，但沒關係，因為我們已踏出步伐，走上無限之旅。

致謝

　　非常感謝為了本書接受我訪談的老師、領導人、父母、作家等人。他們敞開心扉,分享自己的故事。他們不惜揭露自己脆弱的一面 —— 告訴我他們在學習腦科學新知之前過著什麼樣的生活。有人說,他們希望做一個「完美」的人,害怕自己有不知道的地方;還有人說,別人說他們沒有數學腦袋或是沒有學習某個領域的才能,因此只能在原地打轉或自暴自棄。他們不但分享自己改變的歷程,也激勵了他人。由於篇幅限制,我無法把所有人的故事都寫進書裡,但我真是很感謝他們:

Cherry Agapito	Kate Cook
Caleb Austin	Stephanie Diehl
Terese Barham	Robin Dubiel
Sara Boone	Margriet Faber
Angela Brennan	Kirstie Fitzgerald
Jennifer Brich	ShelleyFritz
Jim Brown	Mariève Gagnè

Heather Buske

Jodi Campinelli

Mark Cassar

Evelyn Chan

Holly Compton

Judith Harris

Suzanne Harris

Leah Haworth

Meg Hayes

Catherine Head

Susan Jachymiak

Lauren Johnson

Theresa Lambert

Linda Lapere

Zandi Lawrence

Lucia MacKenzie

Jean Maddox

Sunil Reddy Mayreddy

Chelsea McClellan

Sara McGee

Shana McKay

Marta Garcia

Karen Gauthier

Allison Giacomini

Rene Grimes

Margaret Hall

Jenny Morrill

Pete Noble

Marc Petrie

Meryl Polak

Beth Powell

Justin Purvis

Nancy Qushair

Sunil Reddy

Evette Reece

Kate Rizzi

Daniel Rocha

Tami Sanders

Jennifer Schaefer

Michelle Scott

Erica Sharma

Nina Sudnick

Adele McKew	Angela Thompson
Jesse Melgares	Carrie Tomc
Gail Metcalf	Laura Wagenman
Crystal Morey	Ben Woodford

每次出書，我總是非常感謝家人的諒解。他們必須忍受我常常不能陪伴他們。我有兩個很棒的女兒 —— 亞麗安和潔咪 —— 我的每一天都因她們而發光。

我也感謝與我共同創辦 youcubed 學習網站的凱西・威廉斯 —— 她一直是我的思想夥伴，有時看她畫的圖，我就恍然大悟。她不但能忍受我瘋狂的想法，甚至鼓勵我去實現。凱西，讓我們高呼：革命萬歲！

同樣重要的是我們的 youcubed 團隊。如果沒有他們，我就無法寫出這本書。他們協助我進行訪談，而且一直支持我。他們是：Montserrat Cordero、Suzanne Corkins、Kristina Dance、Jack Dieckmann、Jessica Method 和 Estelle Woodbury。我指導的博士生 Tanya LaMar 和 Robin Anderson 也給予我很寶貴的支持與協助。

除了為了本書接受我訪談的老師，每天我都受到老師對我的啟發。雖然有些老師會灌輸固定型思維給孩子，也有很多老師相信每個學生的潛力，花無數小時備課，激發學生的參與

感。他們所做的已超乎職責。如果我們能給老師更多的選擇，讓他們決定學生該學什麼以及如何學習，教育將會變得更好。感謝過去幾年與我交談、給我啟發的老師。能認識他們、從他們那裡學習，實在是我的榮幸。

參考資源

有助於思維方式改變的訊息與做法

四個可以激勵學生的訊息：
https://www.youcubed.org/resources/four-boosting-messages-jo-students/

就數學的學習而言，可利用這個英、西文免費線上課程來改善學生的思維方式和做法：
https://www.youcubed.org/online-student-course/

關於思維方式，可以給學生觀看的影片：
https://www.youcubed.org/resource/mindset-boosting-videos/

重新思索何謂天賦的影片：
https://www.youcubed.org/rethinking-giftedness-film/

加減乘除的學習經驗：
https://www.youcubed.org/resources/different-experiences-with-math-facts/

 以圖形和創意來解數學題：
https://www.youcubed.org/tasks/

 可免費下載的海報：
https://www.youcubed.org/resource/posters/

 數學老師和家長可利用的兩個線上課程：
https://www.youcubed.org/online-teacher-courses/

 K-8 系列數學書籍：
https://www.youcubed.org/resource/k-8-curriculum/

 與本書有關的新聞報導：
https://www.youcubed.org/resource/in-the-news/

附錄 I

用數字和圖形來解題的範例

　　下面是可用圖形來解題的兩個題目。這種題目都很標準，常引發學生焦慮、讓學生討厭數學。我已在本書正文花了很多篇幅討論文字和上下文的問題。學生常會迷失在文字的敘述裡，而無法掌握真正的情況。請比較下列兩種解題方式，並了解如何用圖形來思考。

這一題是數學教育家帕克設計的題目：

有個男人想買 ¼ 磅火雞肉。他走進一家商店，店裡的人給他 3 片總重為 ⅓ 磅的肉片。因此，他需要這 3 片當中的多少？

數字解題法

3 片 = ⅓ 磅

X 片 = ¼ 磅

⅓ X = ¾

X = ⁹⁄₄ = 2 又 ¼ 片

圖形解題法

○○○ ＝ ⅓ 磅

○○○
○○○　＝ 1 磅
○○○

○○○
───　＝ ¼ 磅
○○○　（2 又 ¼ 片）

第二題是典型數學教科書的題目，文字描述讓人霧煞煞：

喬和塔莎的撲克牌張數比例是 2：3。塔莎和荷莉的
撲克牌張數比例則為 2：1。如果塔莎比喬多 4 張牌，
荷莉有幾張牌？請作答並簡要說明你是怎麼想的。

數字解題法

喬和塔莎的牌數 2：3

塔莎和荷莉的牌數 2：1

因此把喬和塔莎的牌合起來，
分成 5 堆，喬 2 堆，塔莎 3 堆。

塔莎比喬多 4 張牌，
因此一堆牌有 4 張牌。

$\frac{1}{5} = 4$
$1 = 20$

兩人總共有 20 張牌。

喬有 $\frac{2}{5} \times 20$
塔莎有 $\frac{3}{5} \times 20$

喬有 8 張牌，塔莎有 12 張牌。

而塔莎與荷莉的牌數是 2：1，
所以荷莉有 6 張牌。

圖形解題法

喬和塔莎 2：3　　塔莎和荷莉 2：1

（這只是比值，還不知道一堆有幾張。）

塔莎比喬多四張，所以看起來是這樣。

因此，一堆牌 = 4

荷莉的牌

附錄 II

評量樣本

　　這是馬克‧卡薩的學校使用的評量。老師在這評量中決定一個學生在某個領域的學習是否合乎「標準」中所描述的，並給學生回饋意見，讓學生知道如何改進。這份評量樣本反映出老師與學生的對話，好讓學生了解老師的意思。

牙籤排列的題目（圖形的辨識）
學習評量

標準	1	2	3	4	回饋意見
回饋意見（會進一步延拓嗎？）		✓			你排到第六層時如何算出牙籤的數目？
能把圖形轉化為數值表嗎？	✓				數值表能幫你判定圖形規則
能用文字或圖畫來說明自己的思路嗎？（溝通與口語表達）			✓		和同學交換意見（「請告訴我……」）22 6

1＝未達期待；**2**＝接近期待；**3**＝符合期待；**4**＝超過期待

＊已與學生談過，我把她的改變記錄在 #2b

這是我把數字相加得到的總數

注釋

自序　六把學習金鑰

1.　Sue Johnston-Wilder, Janine Brindley, and Philip Dent, *A Survey of Mathematics Anxiety and Mathematical Resilience Among Existing Apprentices* (London: Gatsby Charitable Foundation, 2014).

2.　Sara Draznin, "Math Anxiety in Fundamentals of Algebra Students," *The Eagle Feather*, Honors College, Univ. of North Texas, January 1, 1970, http://eaglefeather.honors.unt.edu/2008/article/179#. W-idJS2ZNMM; N. Betz, "Prevalence, Distribution, and Correlates of Math Anxiety in College Students," *Journal of Counseling Psychology* 25/5 (1978): 441–48.

3.　C. B. Young, S. S. Wu, and V. Menon, "The Neurodevelopmental Basis of Math Anxiety," *Psychological Science* 23/5 (2012): 492–501.

4.　Daniel Coyle, *The Talent Code: Greatness Isn't Born. It's Grown. Here's How* (New York: Bantam, 2009). 中文版《天才密碼》，科伊爾著，傅季強譯，台北：天下雜誌，2011。

5.　Michael Merzenich, *Soft-Wired: How the New Science of Brain Plasticity Can Change Your Life* (San Francisco: Parnassus, 2013).

6.　Merzenich, *Soft-Wired*.

7. Anders Ericsson and Robert Pool, *Peak: Secrets from the New Science of Expertise* (New York: Houghton Mifflin Harcourt, 2016). 中文版《刻意練習：原創者全面解析，比天賦更關鍵的學習法》艾瑞克森、普爾著，陳繪茹譯，台北：方智，2017。

8. 同上，p. 21。

9. Carol S. Dweck, *Mindset: The New Psychology of Success* (New York: Ballantine, 2006). 中文版《心態致勝：全新成功心理學》卡蘿・杜維克，李芳齡譯，台北：天下文化，2017。

10. Carol S. Dweck, "Is Math a Gift? Beliefs That Put Females at Risk," in Stephen J. Ceci and Wendy M. Williams, eds., *Why Aren't More Women in Science? Top Researchers Debate the Evidence* (Washington, DC: American Psychological Association, 2006).

11. D. S. Yeager et al., "Breaking the Cycle of Mistrust: Wise Interventions to Provide Critical Feedback Across the Racial Divide," *Journal of Experimental Psychology: General* 143/2 (2014): 804.

第 1 章　大腦可塑性帶來的驚人改變

1. Michael Merzenich, *Soft-Wired: How the New Science of Brain Plasticity Can Change Your Life* (San Francisco: Parnassus, 2013), 2.

2. Norman Doidge, *The Brain That Changes Itself* (New York: Penguin, 2007). 中文版《改變是大腦的天性：從大腦發揮自癒力的故事發現神經可塑性》，洪蘭譯，台北：遠流，2008。

3. 同上，p. 55。

4. E. Maguire, K. Woollett, and H. Spiers, "London Taxi Drivers and Bus Drivers: A Structural MRI and Neuropsychological Analysis,"

Hippocampus 16/12 (2006):1091–101.

5. K. Woollett and E. A. Maguire, "Acquiring 'The Knowledge' of London's Layout Drives Structural Brain Changes," *Current Biology* 21/24 (2011): 2109–14.

6. Elise McPherson et al., "Rasmussen's Syndrome and Hemispherectomy: Girl Living with Half Her Brain," *Neuroscience Fundamentals*, https://www.huffpost.com/entry/christina-santhouse-half-brain-speech-pathologist_n_56cb6a11e4b0ec6725e36de9

7. Doidge, *The Brain That Changes Itself*, xix。中文版《改變是大腦的天性：從大腦發揮自癒力的故事發現神經可塑性》。

8. 同上，xx。

9. A. Dixon, editorial, *FORUM* 44/1 (2002): 1.

10. Sarah D. Sparks, "Are Classroom Reading Groups the Best Way to Teach Reading? Maybe Not," *Education Week*, August 26, 2018, http://www.edweek.org/ew/articles/2018/08/29/are-classroom-reading-groups-the-best-way.html.

11. 同上。

12. Jo Boaler, *Mathematical Mindsets: Unleashing Students' Potential Through Creative Math, Inspiring Messages and Innovative Teaching* (San Francisco: Jossey-Bass,2016).

13. Jo Boaler et al., "How One City Got Math Right," *The Hechinger Report*, October 2018, https://hechingerreport.org/opinion-how-one-city-got-math-right/.

14. Lois Letchford, *Reversed: A Memoir* (Irvine, CA: Acorn, 2018).

15. Doidge, *The Brain That Changes Itself*, 34.

16. K. Lewis and D. Lynn, "Against the Odds: Insights from a Statistician with Dyscalculia," *Education Sciences* 8/2 (2018): 63.

17. T. Iuculano et al., "Cognitive Tutoring Induces Widespread Neuroplasticity and Remediates Brain Function in Children with Mathematical Learning Disabilities," *Nature Communications* 6 (2015): 8453, https://doi.org/10.1038/ncomms9453.

18. Sarah-Jane Leslie et al., "Expectations of Brilliance Underlie Gender Distributions Across Academic Disciplines," *Science* 347/6219 (2015):262–65.

19. Seth Stephens-Davidowitz, "Google, Tell Me: Is My Son a Genius?" *New York Times*, January 18, 2014, https://www.nytimes.com/2014/01/19/opinion/sunday/google-tell-me-is-my-son-a-genius.html.

20. D. Storage et al., "The Frequency of 'Brilliant' and 'Genius' in Teaching Evaluations Predicts the Representation of Women and African Americans Across Fields," *PLoS ONE* 11/3 (2016): e0150194, https://doi.org/10.1371/journal.pone.0150194.

21. Piper Harron, "Welcome to Office Hours," *The Liberated Mathematician*, 2015, http://www.theliberatedmathematician.com.

22. Eugenia Sapir, "Maryam Mirzakhani as Thesis Advisor," *Notices of the AMS* 65/10 (November 2018): 1229–30.

23. 影片觀看網址 http://www.youcubed.org/rethinking-giftedness-film/。至今，這支影片觀看人次已超過 62,000 次。

24. Daniel Coyle, *The Talent Code: Greatness Isn't Born. It's Grown. Here's How* (New York: Bantam, 2009), 178. 中文版《天才密碼》。

25. Anders Ericsson and Robert Pool, *Peak: Secrets from the New Science of Expertise* (New York: Houghton Mifflin Harcourt, 2016).

第 2 章　錯誤與掙扎的正面效應

1. J. S. Moser et al., "Mind Your Errors: Evidence for a Neural Mechanism Linking Growth Mind-set to Adaptive Posterror Adjustments," *Psychological Science* 22/12 (2011): 1484–89.

2. Daniel Coyle, *The Talent Code: Greatness Isn't Born. It's Grown. Here's How* (New York: Bantam, 2009). 中文版《天才密碼》。

3. J. A. Mangels et al., "Why Do Beliefs About Intelligence Influence Learning Success? A Social Cognitive Neuroscience Model," *Social Cognitive and Affective Neuroscience* 1/2 (2006): 75–86, http://academic.oup.com/scan/article/1/2/75/2362769.

4. Moser et al., "Mind Your Errors."

5. Coyle, D. (2009). *The Talent Code*, p. 2-3. 中文版《天才密碼》。

6. 同上，p. 3-4。中文版《天才密碼》。

7. 同上，p. 5。中文版《天才密碼》。

8. Moser et al., "Mind Your Errors."

9. Anders Ericsson and Robert Pool, *Peak: Secrets from the New Science of Expertise* (New York: Houghton Mifflin Harcourt, 2016), 75. 中文版《刻意練習：原創者全面解析，比天賦更關鍵的學習法》。

10. James W. Stigler and James Hiebert, *The Teaching Gap: Best Ideas from the World's Teachers for Improving Education in the Classroom* (New York: Free Press, 1999).

11. Elizabeth Ligon Bjork and Robert Bjork, "Making Things Hard on Yourself, but in a Good Way: Creating Desirable Difficulties to Enhance Learning," in Morton Ann Gernsbacher and James R. Pomeratz, eds., *Psychology and the Real World* (New York: Worth, 2009), 55–64, https://bjorklab.psych.ucla.edu/wp-content/uploads/sites/13/2016/04/EBjork_RBjork_2011.pdf.

12. J. Boaler, K. Dance, and E. Woodbury, "From Performance to Learning: Assessing to Encourage Growth Mindsets," *youcubed*, 2018, tinyurl.com/A4Lyoucubed.

13. Coyle, *The Talent Code*, 5.

第 3 章　改變思維信念，扭轉現實

1. O. H. Zahrt and A. J. Crum, "Perceived Physical Activity and Mortality: Evidence from Three Nationally Representative U.S. Samples," *Health Psychology* 36/11(2017): 1017–25, http://dx.doi.org/10.1037/hea0000531.

2. B. R. Levy et al., "Longevity Increased by Positive Self-Perceptions of Aging," *Journal of Personality and Social Psychology* 83/2 (2002): 261–70, https://doi.org/10.1037/0022-3514.83.2.261.

3. B. R. Levy et al., "Age Stereotypes Held Earlier in Life Predict Cardiovascular Events in Later Life," *Psychological Science* 20/3 (2009): 296–98, https://doi.org/10.1111/j.1467-9280.2009.02298.x.

4. 同上。

5. A. J. Crum and E. J. Langer, "Mind-Set Matters: Exercise and the Placebo Effect," *Psychological Science* 18/2 (2007): 165–71, https://

doi.org/10.1111/j.1467-9280.2007.01867.x.

6. V. K. Ranganathan et al., "From Mental Power to Muscle Power—Gaining Strength by Using the Mind," *Neuropsychologia* 42/7 (2004): 944–56.

7. N. F. Bernardi et al., "Mental Practice Promotes Motor Anticipation: Evidence from Skilled Music Performance," *Frontiers in Human Neuroscience* 7 (2013): 451, https://doi.org/10.3389/fnhum.2013.00451.

8. K. M. Davidson-Kelly, "Mental Imagery Rehearsal Strategies for Expert Pianists," *Edinburgh Research Archive*, November 26, 2014, https://www.era.lib.ed.ac.uk/handle/1842/14215.

9. D. S. Yeager, K. H. Trzesniewski, and C. S. Dweck, "An Implicit Theories of Personality Intervention Reduces Adolescent Aggression in Response to Victimization and Exclusion," *Child Development* 84/3 (2013): 970–88.

10. P. B. Carr, C. S. Dweck, and K. Pauker, "Prejudiced' Behavior Without Prejudice? Beliefs About the Malleability of Prejudice Affect Interracial Interactions," *Journal of Personality and Social Psychology* 103/3 (2012): 452.

11. L. S. Blackwell, K. H. Trzesniewski, and C. S. Dweck, "Implicit Theories of Intelligence Predict Achievement Across an Adolescent Transition: A Longitudinal Study and an Intervention," *Child Development* 78/1 (2007): 246–63.

12. J. S. Moser et al., "Mind Your Errors: Evidence for a Neural Mechanism Linking Growth Mind-set to Adaptive Posterror

Adjustments," *Psychological Science* 22/12 (2011): 1484–89.

13. E. A. Gunderson et al., "Parent Praise to 1- to 3-Year-Olds Predicts Children's Motivational Frameworks 5 Years Later," *Child Development* 84/5 (2013): 1526–41.

14. Carol S. Dweck, "The Secret to Raising Smart Kids," *Scientific American Mind* 18/6 (2007): 36–43, https://www.scientificamerican. com/article/the-secret-to-raising-smart-kids1/

15. Carol S. Dweck, "Is Math a Gift? Beliefs That Put Females at Risk," in Stephen J. Ceci and Wendy M. Williams, eds., *Why Aren't More Women in Science? Top Researchers Debate the Evidence* (Washington, DC: American Psychological Association, 2006).

16. Blackwell, Trzesniewski, and Dweck, "Implicit Theories of Intelligence Predict Achievement."

17. Angela Duckworth, *Grit: The Power of Passion and Perseverance* (New York: Scribner, 2016). 中文版《恆毅力：人生成功的究極能力》安琪拉‧達克沃斯著，洪慧芳譯，台北：天下雜誌，2016。

18. J. Boaler, K. Dance, and E. Woodbury, "From Performance to Learning: Assessing to Encourage Growth Mindsets," *youcubed*, 2018, tinyurl.com/A4Lyoucubed.

19. H. Y. Lee et al., "An Entity Theory of Intelligence Predicts Higher Cortisol Levels When High School Grades Are Declining," *Child Development*, July 10, 2018, https://doi.org/10.1111/cdev.13116.

20. Anders Ericsson and Robert Pool, *Peak: Secrets from the New Science of Expertise* (New York: Houghton Mifflin Harcourt, 2016).

21. Carol S. Dweck, *Mindset: The New Psychology of Success* (New York: Ballantine,2006), 257.

22. Christine Gross-Loh, "How Praise Became a Consolation Prize," *The Atlantic*, December 16, 2016.

第 4 章 多角度學習，促進大腦連結

1. Alfie Kohn, "The 'Mindset' Mindset," *Alfie Kohn*, June 8, 2018, http://www.alfiekohn.org/article/mindset/.

2. V. Menon, "Salience Network," in Arthur W. Toga, ed., *Brain Mapping: An Encyclopedic Reference*, vol. 2 (London: Academic, 2015), 597–611.

3. J. Park and E. M. Brannon, "Training the Approximate Number System Improves Math Proficiency," *Psychological Science* 24/10 (2013): 2013–19, https://doi.org/10.1177/0956797613482944.

4. I. Berteletti and J. R. Booth, "Perceiving Fingers in Single-Digit Arithmetic Problems," *Frontiers in Psychology* 6 (2015): 226, https://doi.org/10.3389/fpsyg.2015.00226.

5. M. Penner-Wilger and M. L. Anderson, "The Relation Between Finger Gnosis and Mathematical Ability: Why Redeployment of Neural Circuits Best Explains the Finding," *Frontiers in Psychology* 4 (2013): 877, https://doi.org/10.3389/fpsyg.2013.00877.

6. M. Penner-Wilger et al., "Subitizing, Finger Gnosis, and the Representation of Number," *Proceedings of the 31st Annual Cognitive Science Society* 31 (2009): 520–25.

7. S. Beilock, *How the Body Knows Its Mind: The Surprising Power of*

the *Physical Environment to Influence How You Think and Feel* (New York: Simon and Schuster, 2015). 中文版《身體的想像，比心思更犀利：用姿勢與行動幫助自己表現更強、記得更多與對抗壞想法》貝洛克著，沈維君譯，台北：2017，大寫出版。

8. Anders Ericsson and Robert Pool, *Peak: Secrets from the New Science of Expertise* (New York: Houghton Mifflin Harcourt, 2016).

9. A. Sakakibara, "A Longitudinal Study of the Process of Acquiring Absolute Pitch: A Practical Report of Training with the 'Chord Identification Method,'" *Psychology of Music* 42/1 (2014): 86–111, https://doi.org/10.1177/0305735612463948.

10. Thomas G. West, *Thinking Like Einstein: Returning to Our Visual Roots with the Emerging Revolution in Computer Information Visualization* (New York: Prometheus Books, 2004).

11. Claudia Kalb, "What Makes a Genius?" *National Geographic*, May 2017.

12. 同上。

13. M. A. Ferguson, J. S. Anderson, and R. N. Spreng, "Fluid and Flexible Minds: Intelligence Reflects Synchrony in the Brain's Intrinsic Network Architecture," *Network Neuroscience* 1/2 (2017): 192–207.

14. M. Galloway, J. Conner, and D. Pope, "Nonacademic Effects of Homework in Privileged, High-Performing High Schools," *Journal of Experimental Education* 81/4 (2013): 490–510.

15. M. E. Libertus, L. Feigenson, and J. Halberda, "Preschool Acuity of the Approximate Number System Correlates with School Math

Ability," *Developmental Science* 14/6 (2011): 1292–1300.

16. R. Anderson, J. Boaler, and J. Dieckmann, "Achieving Elusive Teacher Change Through Challenging Myths About Learning: A Blended Approach," *Education Sciences* 8/3 (2018): 98.

17. 同上。

18. J. Boaler, K. Dance, and E. Woodbury, "From Performance to Learning: Assessing to Encourage Growth Mindsets," *youcubed*, 2018, tinyurl.com/A4Lyoucubed.

第5章　數學重靈活，不必拚速度

1. Claudia Kalb, "What Makes a Genius?" *National Geographic*, May 2017.

2. Sian Beilock, *Choke: What the Secrets of the Brain Reveal About Getting It Right When You Have To* (New York: Simon and Schuster, 2010).

3. 有許多數學教法可免除學生的恐懼或焦慮。參看：Jo Boaler, Cathy Williams, and Amanda Confer, "Fluency Without Fear: Research Evidence on the Best Ways to Learn Math Facts," *youcubed*, January 28, 2015, https://www.youcubed.org/evidence/fluency-without-fear.

4. E. A. Maloney et al., "Intergenerational Effects of Parents' Math Anxiety on Children's Math Achievement and Anxiety," *Psychological Science* 26/9 (2015): 1480–88, https://doi.org/10.1177/0956797615592630.

5. S. L. Beilock et al., "Female Teachers' Math Anxiety Affects Girls'

Math Achievement," *Proceedings of the National Academy of Sciences* 107/5 (2010): 1860–63.

6. Laurent Schwartz, *A Mathematician Grappling with His Century* (Basel: Birkhäuser, 2001).

7. Kenza Bryan, "Trailblazing Maths Genius Who Was First Woman to Win Fields Medal Dies Aged 40," *Independent*, July 15, 2017, https://www.independent.co.uk/news/world/maryam-mirzakhani-fields-medal-mathematics-dies-forty-iran-rouhani-a7842971.html.

8. Schwartz, *A Mathematician Grappling with His Century*, 30–31.

9. Norman Doidge, *The Brain That Changes Itself* (New York: Penguin, 2007), 199.

10. Doidge, *The Brain That Changes Itself*, 199.

11. K. Supekar et al., "Neural Predictors of Individual Differences in Response to Math Tutoring in Primary-Grade School Children," *PNAS* 110/20 (2013): 8230–35.

12. E. M. Gray and D. O. Tall, "Duality, Ambiguity, and Flexibility: A 'Proceptual' View of Simple Arithmetic," *Journal for Research in Mathematics Education* 25/2 (1994): 116–40.

13. W. P. Thurston, "Mathematical Education," *Notices of the American Mathematical Society* 37 (1990): 844–50.

14. Gray and Tall, "Duality, Ambiguity, and Flexibility."

15. Jo Boaler and Pablo Zoida, "Why Math Education in the U.S. Doesn't Add Up," *Scientific American*, November 1, 2016, https://www.scientificamerican.com/article/why-math-education-in-the-u-s-doesn-t-add-up.

16. Adam Grant, *Originals: How Non-Conformists Move the World* (New York: Penguin, 2016). 中文版《反叛，改變世界的力量：華頓商學院最啟發人心的一堂課》亞當‧格蘭特著，姬健梅譯，台北：平安文化，2016。

17. 同上，p. 9–10。

第 6 章　與人連結，強化神經路徑、增進學習成效

1. U. Treisman, "Studying Students Studying Calculus: A Look at the Lives of Minority Mathematics Students in College," *College Mathematics Journal* 23/5 (1992): 362–72 (368).

2. 同上，p. 368。

3. Organisation for Economic Co-operation and Development, *The ABC of Gender Equality in Education: Aptitude, Behaviour, Confidence* (Paris: PISA,OECD Publishing, 2015), https://www.oecd.org/pisa/keyfindings/pisa-2012-results-gender-eng.pdf.

4. 同上。

5. M. I. Núñez-Peña, M. Suárez-Pellicioni, and R. Bono, "Gender Differences in Test Anxiety and Their Impact on Higher Education Students' Academic Achievement," *Procedia - Social and Behavioral Sciences* 228(2016): 154–60.

6. Organisation for Economic Co-operation and Development, *PISA 2015 Results (Volume V): Collaborative Problem Solving* (Paris: PISA, OECD Publishing, 2017), https://doi.org/10.1787/9789264285521-en.

7. J. Decety et al., "The Neural Bases of Cooperation and Competition:

An fMRI Investigation," *Neuroimage* 23/2 (2004): 744–51.

8. V. Goertzel et al., *Cradles of Eminence: Childhoods of More Than 700 Famous Men and Women* (Gifted Psychology Press: 2004), 133–55.

9. Meg Jay, "The Secrets of Resilience," *Wall Street Journal*, November 10, 2017, https://www.wsj.com/articles/the-secrets-of-resilience-1510329202.

10. Jo Boaler, "Open and Closed Mathematics: Student Experiences and Understandings," *Journal for Research in Mathematics Education* 29/1 (1998): 41–62.

11. Jo Boaler, *Experiencing School Mathematics: Traditional and Reform Approaches to Teaching and Their Impact on Student Learning* (New York: Routledge, 2002).

12. J. Boaler and S. Selling, "Psychological Imprisonment or Intellectual Freedom? A Longitudinal Study of Contrasting School Mathematics Approaches and Their Impact on Adults' Lives," *Journal of Research in Mathematics Education* 48/1 (2017): 78–105.

13. J. Boaler and M. Staples, "Creating Mathematical Futures Through an Equitable Teaching Approach: The Case of Railside School," *Teachers' College Record* 110/3 (2008): 608–45.

14. Jo Boaler, "When Academic Disagreement Becomes Harassment and Persecution," October 2012, http://web.stanford.edu/~joboaler.

15. Shane Feldman, "Pain to Purpose: How Freshman Year Changed My Life," https://www.youtube.com/watch?v=BpMq7Q54cwI.

16. Jo Boaler, "Promoting 'Relational Equity' and High Mathematics

Achievement Through an Innovative Mixed Ability Approach," *British Educational Research Journal* 34/2 (2008): 167–94.

17. John J. Cogan and Ray Derricott, *Citizenship for the 21st Century: An International Perspective on Education* (London: Kogan Page, 1988), 29; Gita Steiner-Khamsi, Judith Torney-Purta, and John Schwille, eds., *New Paradigms and Recurring Paradoxes in Education for Citizenship: An International Comparison* (Bingley, UK: Emerald Group, 2002).

18. Boaler and Staples, "Creating Mathematical Futures."

19. Jenny Morrill and Paula Youmell, *Weaving Healing Wisdom* (New York: Lexingford, 2017).

結論　人生不設限

1. Etienne Wenger, *Communities of Practice: Learning, Meaning, and Identity* (Cambridge: Cambridge Univ. Press, 1999).

2. Angela Duckworth, *Grit: The Power of Passion and Perseverance* (New York: Scribner, 2016).

3. Nicole M. Joseph, personal communication, 2019.

4. Henry Fraser, *The Little Big Things* (London: Seven Dials, 2018).

5. Fraser, *The Little Big Things*, 158–59.

6. R. A. Emmons and M. E. McCullough, "Counting Blessings Versus Burdens: An Experimental Investigation of Gratitude and Subjective Well-Being in Daily Life," *Journal of Personality and Social Psychology* 84/2 (2003): 377.

7. Shawn Achor, *The Happiness Advantage: The Seven Principles of*

Positive Psychology That Fuel Success and Performance at Work (New York: Random House, 2011). 中文版《哈佛最受歡迎的快樂工作學》尚恩・艾科爾著，謝維玲譯，台北：野人文化，2017（二版）。

8. Anders Ericsson and Robert Pool, *Peak: Secrets from the New Science of Expertise* (New York: Houghton Mifflin Harcourt, 2016).

9. C. Hertzog and D. R. Touron, "Age Differences in Memory Retrieval Shift: Governed by Feeling-of-Knowing?" *Psychology and Aging* 26/3 (2011): 647–60.

10. D. R. Touron and C. Hertzog, "Age Differences in Strategic Behavior During a Computation-Based Skill Acquisition Task," *Psychology and Aging* 24/3 (2009): 574.

11. F. Sofi et al., "Physical Activity and Risk of Cognitive Decline: A Meta-Analysis of Prospective Studies," *Journal of Internal Medicine* 269/1 (2011): 107–17.

12. D. C. Park et al., "The Impact of Sustained Engagement on Cognitive Function in Older Adults: The Synapse Project," *Psychological Science* 25/1 (2013): 103–12.

13. Martin Samuels, "In Defense of Mistakes," *The Health Care Blog*, October 7, 2015, http://thehealthcareblog.com/blog/2015/10/07/in-defense-of-mistakes/.

14. Erica Klarreich, "How to Cut Cake Fairly and Finally Eat It Too," *Quanta Magazine*, October 6, 2016, https://www.quantamagazine.org/new-algorithm-solves-cake-cutting-problem-20161006/#.

15. Adam Grant, *Originals: How Non-Conformists Move the World* (New

York: Penguin, 2016).

16. J. Boaler, K. Dance, and E. Woodbury, "From Performance to Learning: Assessing to Encourage Growth Mindsets," *youcubed*, 2018, https://bhi61nm2cr3mkdgk1dtaov18-wpengine.netdna-ssl. com/wp-content/uploads/2018/04/Assessent-paper-final-4.23.18.pdf.

17. Achor, *The Happiness Advantage*, 62–63.

18. 同上。

出處說明

P. 82   "#TheLearningPit," from James Nottingham, *The Learning Challenge: How to Guide Your Students Through the Learning Pit to Achieve Deeper Understanding* (Thousand Oaks, CA: Corwin, 2017).

P. 101   Graph: growth mindset vs. fixed mindset, redrawn from L. S. Blackwell, K. H. Trzesniewski, and C. S. Dweck, "Implicit Theories of Intelligence Predict Achievement Across an Adolescent Transition: A Longitudinal Study and an Intervention," *Child Development* 78/1 (2007): 246–63.

P. 105   Graph: students receiving mindset workshop vs. students not receiving workshop, redrawn from L. S. Blackwell, K. H. Trzesniewski, and C. S. Dweck, "Implicit Theories of Intelligence Predict Achievement Across an Adolescent Transition: A Longitudinal Study and an Intervention," *Child Development* 78/1 (2007): 246–63.

P. 123   "Brain Networks for Mental Arithmetic," from V. Menon, "Salience Network," in Arthur W. Toga, ed., *Brain Mapping: An Encyclopedic Reference*, vol. 2 (London: Academic, 2015), 597–611.

P. 169   Concepts and methods schematic, redrawn from E. M. Gray and D. O. Tall, "Duality, Ambiguity, and Flexibility: A 'Proceptual' View of Simple Arithmetic," *Journal for Research in Mathematics Education* 25/2 (1994): 116–40.

教育教養 BEP061

大腦解鎖
史丹佛頂尖學者裘‧波勒以最新腦科學推動學習革命
Limitless Mind : Learn, Lead, and Live Without Barriers

作者 —— 裘‧波勒（Jo Boaler）
譯者 —— 廖月娟

總編輯 —— 吳佩穎
人文館總監 —— 楊郁慧
副主編暨責任編輯 —— 陳怡琳
校對 —— 呂佳真
封面設計 —— BIANCO TSAI
內頁排版 —— 張靜怡、楊仕堯

出版者 —— 遠見天下文化出版股份有限公司
創辦人 —— 高希均、王力行
遠見‧天下文化 事業群榮譽董事長 —— 高希均
遠見‧天下文化 事業群董事長 —— 王力行
天下文化社長 —— 王力行
天下文化總經理 —— 鄧瑋羚
國際事務開發部兼版權中心總監 —— 潘欣
法律顧問 —— 理律法律事務所陳長文律師
著作權顧問 —— 魏啟翔律師
地址 —— 台北市 104 松江路 93 巷 1 號 2 樓

讀者服務專線 —— (02) 2662-0012 ｜ 傳真 —— (02) 2662-0007；(02) 2662-0009
電子郵件信箱 —— cwpc@cwgv.com.tw
直接郵撥帳號 —— 1326703-6 號　遠見天下文化出版股份有限公司

製版廠 —— 東豪印刷事業有限公司
印刷廠 —— 柏晧彩色印刷有限公司
裝訂廠 —— 聿成裝訂股份有限公司
登記證 —— 局版台業字第 2517 號
總經銷 —— 大和書報圖書股份有限公司　電話／ (02) 8990-2588
出版日期 —— 2021 年 3 月 3 日第一版第 1 次印行
　　　　　　2024 年 5 月 30 日第一版第 8 次印行

國家圖書館出版品預行編目（CIP）資料

大腦解鎖：史丹佛頂尖學者裘‧波勒以最新
腦科學推動學習革命／裘‧波勒（Jo Boaler）
著；廖月娟譯. -- 第一版. -- 臺北市：遠見天
下文化, 2021.03
　　面；　公分. --（教育教養；BEP061）
　　譯自：Limitless mind: learn,lead,and live
　　without barriers.
　　ISBN　978-986-525-031-7（平裝）

1.認知心理學　2.學習理論　3.思維方法
4.情緒

176.3　　　　　　　　　　　　109021647

定價 —— NT 400 元
ISBN —— 978-986-525-031-7
書號 —— BEP061
天下文化官網 —— bookzone.cwgv.com.tw

天下文化
BELIEVE IN READING